초등

ERI 독해가
문해력이다

2단계

심화

초등 2 ~ 3학년 권장

ERI(EBS Reading Index) 지수는

아이들이 읽는 글의 난이도를 단어, 문장, 배경지식에 따라 등급화하여 정량화하고,
독해 전문가들이 정성평가를 통해 최종 보정한 수치로서 EBS가 전국 문해력 전문가,
이화여대 산학협력단과 공동 개발하였습니다.

각 학년마다 꼭 알아야 하는 읽기 방법, 교과의 핵심 개념과 학습 요소들을 중심으로
체계적으로 지문을 구성합니다.
구성된 지문의 단어 수준과 문장의 복잡도, 배경지식이 학년 수준에 적합한지 여부를
계산합니다. 전문가들이 최종 정성평가와 보정을 거쳐 최종 지수와 적정 학년 수준과
단계가 산정됩니다.

ERI 지수 범위와 학습 단계

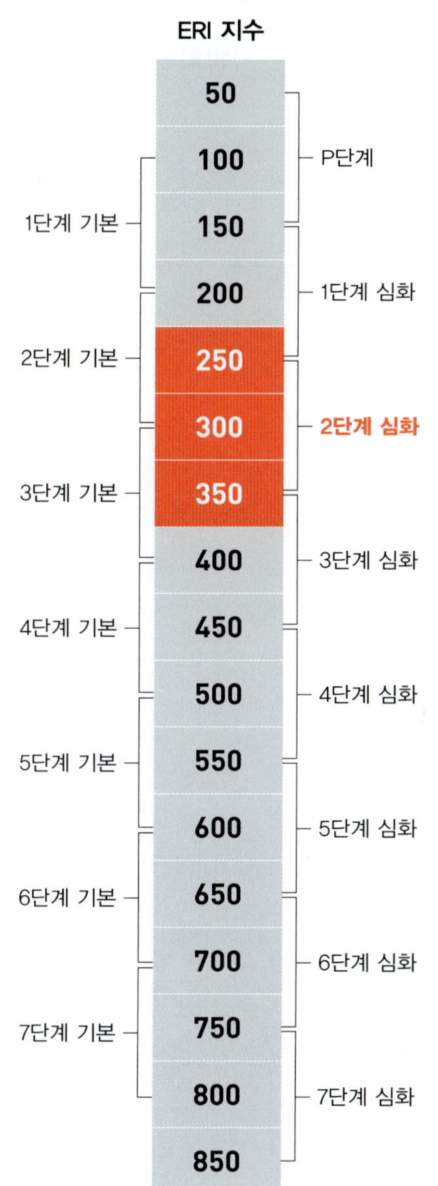

교재명	ERI 지수 범위	학년 수준
P단계	50 이상~150 미만	예비 초등 ~초등 1학년
1단계 기본	100 이상~200 미만	초등 1~2학년
1단계 심화	150 이상~250 미만	초등 1~2학년
2단계 기본	200 이상~300 미만	초등 2~3학년
2단계 심화	250 이상~350 미만	초등 2~3학년
3단계 기본	300 이상~400 미만	초등 3~4학년
3단계 심화	350 이상~450 미만	초등 3~4학년
4단계 기본	400 이상~500 미만	초등 4~5학년
4단계 심화	450 이상~550 미만	초등 4~5학년
5단계 기본	500 이상~600 미만	초등 5~6학년
5단계 심화	550 이상~650 미만	초등 5~6학년
6단계 기본	600 이상~700 미만	초등 6학년 ~중학 1학년
6단계 심화	650 이상~750 미만	초등 6학년 ~중학 1학년
7단계 기본	700 이상~800 미만	중학 1~2학년
7단계 심화	750 이상~850 미만	중학 1~2학년

이 책의 구성과 특징

문해력, 문해력, 문해력을 강조합니다.

무엇이 문해력이라고 생각하나요?

문해력은 글을 단순히 읽고 쓸 줄 아닌 것이 아니라
현대 사회에서 일상생활을 해 나가는 데 필요한 글을 읽고
이해하는 최소한의 능력을 말합니다.
따라서 글을 읽고 이해하여 사람들과 소통하고 문제를
해결하는 데 활용할 수 있도록 하는 것입니다.

어떻게 해야 문해력을 높일 수 있을까요?

자기 단계에 맞는 글을 선택해서
듣고, 읽고, 보고, 이해한 후 다양한 방법으로 생각하여
문제를 해결하고, 새로운 창의적 사고를 하는 훈련을
꾸준히 하는 것이 좋습니다.

EBS만의 장점

아이들 눈높이와 학령 수준에 맞춘 차별화된 교재와 강의로 입체 학습을 할 수 있습니다.

스스로 계획을 짜고 학습해요!

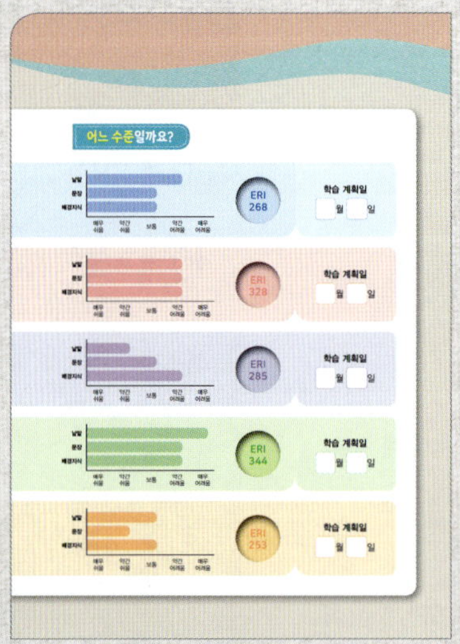

다양한 주제의 지문

인문 · 문학, 사회 · 역사, 과학 · 자연, 예술 · 문화, STEAM 융합 지문을 골고루 실었습니다.

계획적인 학습 스스로 학습 계획을 짜서 스스로의 힘으로 공부하는 훈련을 할 수 있도록 하였습니다.

융합 사고 훈련 STEAM 융합 지문으로 과학 · 기술 · 예술 · 수학 영역을 결합한 종합적 사고로 문제를 해결하는 능력을 키우도록 하였습니다.

ERI 지수 분석 지문의 단어, 문장, 배경지식 각각의 수준이 대상 학령, 학년 수준 내에서 어느 정도인지 한눈에 알아볼 수 있도록 하였습니다.

1 이런 이야기를 할 거야! ▶ **2** 이걸 알면 도움이 되지! ▶ **3** 글을 읽어 볼까!

한 컷의 그림 이야기를 통해 흥미를 불러일으켜 지문의 주제에 자연스럽게 접근할 수 있도록 하였습니다.

재미있는 만화와 짧은 글로 배경지식을 실어 주어 지문 이해에 도움이 되도록 하였습니다.

QR 코드로 글을 잘 듣고 따라 읽어 봅니다.
큰소리로 읽는 소리 학습을 한 후 스티커를 붙이게 하여 학습 성취감을 높이도록 하였습니다.

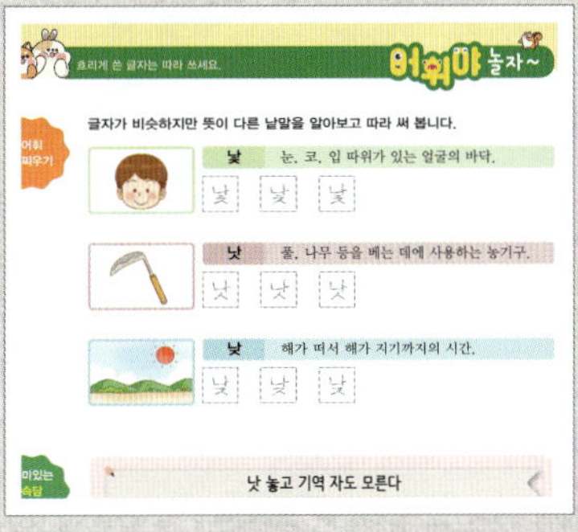

그림으로 배우는 기본 어휘

그림과 예문을 통해 어휘 학습을 하고 따라 써 볼 수 있도록 하였습니다.
반대말, 비슷한 말, 관련 어휘에 대한 설명으로 어휘력이 풍부해지도록 하였습니다.

어휘 활용을 해 보는 다양한 코너

잘못 쓰기 쉬운 말, 헷갈리는 말, 높임말, 동음이의어, 어휘 살찌우기 코너를 통해 어휘력을 살찌우는 다양한 학습을 하고 써 볼 수 있도록 하였습니다.

재미있는 속담, 우리말, 한자 익히기

재미있는 이야기와 그림으로 속담을 익히고, 관용적으로 쓰이는 순우리말, 한자어를 익히고 써 볼 수 있도록 하였습니다.

문해력을 높여 주는 기본 문제부터 다양한 활동의 문제 유형 제시

글의 내용 이해하기

전체적인 글의 내용을 이해하고 있는지를 확인하는 문제입니다.

세부 내용 이해하기

중요한 개념이나 사건 등을 세부적으로 이해하고 있는지를 확인하는 문제입니다.

낱말 뜻 이해하기

정확한 낱말 뜻을 알고, 지문 속 내용이나 생활 속 낱말 활용에 적용할 수 있는지를 확인하는 문제입니다.

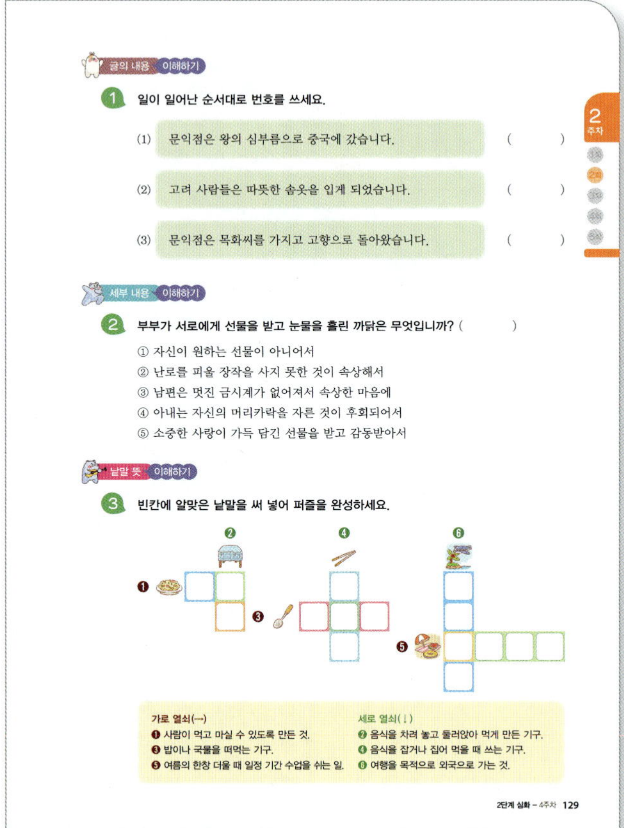

특화 코너

글을 읽고 마인드맵으로 전체 내용을 간단한 글과 그림으로 재구성해 보는 문제를 통해, 지문 내용을 정리하여 이해하는 방법을 훈련할 수 있도록 하였습니다.

학습 내용을 이해하고 주어진 상황에서의 해결법을 자유로이 제시하도록 하여 문제 해결 능력을 키우도록 하였습니다.

글의 내용 · 적용하기

글 전체의 내용을 바르게 이해하고 생활 속 문제에 적용할 수 있는지를 확인하는 문제입니다.

배경지식을 활용하여 · 추론하기

주어진 배경지식과 연계하여 이를 바탕으로 새로운 지식을 추론해 낼 수 있는지를 확인하는 문제입니다.

내용 이해하고 · 활동하기

글의 내용을 이해하고 쓰기, 스티커 붙이기 등으로 창의 활동에 적용해 볼 수 있는지를 확인하는 문제입니다.

해당 지문의 주제와 관련 있는 다양한 활동의 문제를 제시하였습니다.
민화를 직접 자기만의 스타일로 그려 보기, 문제에 맞는 스티커 찾아 붙이기 등 다양한 활동을 통한 학습으로 학습 효과는 물론 재미를 더할 수 있게 하였습니다.

차례

1주차

2주차

어느 수준일까요?

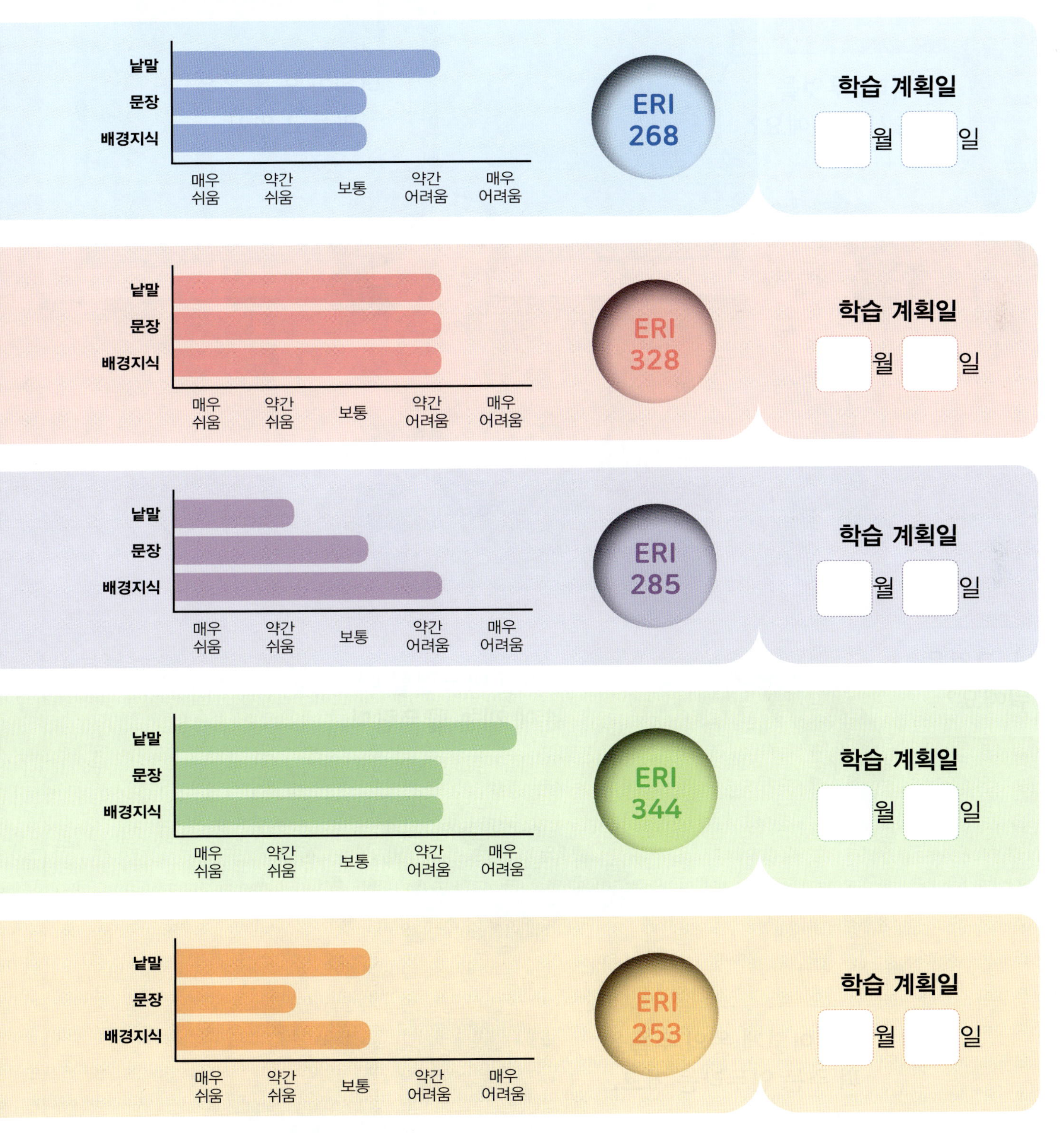
낱말
문장
배경지식
매우 쉬움
약간 쉬움
보통
약간 어려움
매우 어려움
ERI 268
학습 계획일
월
일

낱말
문장
배경지식
매우 쉬움
약간 쉬움
보통
약간 어려움
매우 어려움
ERI 328
학습 계획일
월
일

낱말
문장
배경지식
매우 쉬움
약간 쉬움
보통
약간 어려움
매우 어려움
ERI 285
학습 계획일
월
일

낱말
문장
배경지식
매우 쉬움
약간 쉬움
보통
약간 어려움
매우 어려움
ERI 344
학습 계획일
월
일

낱말
문장
배경지식
매우 쉬움
약간 쉬움
보통
약간 어려움
매우 어려움
ERI 253
학습 계획일
월
일

아씨방 일곱 동무

옷을 만들 때 무엇이 필요할까?

엄마, 무엇을 만드시는 거예요?
너희가 입을 옷을 만들고 있지.
할머니, 그것은 다 뭐예요?
이건 바느질할 때 손에 끼는 골무란다.
이건 이렇게 옷의 주름을 펴 주는 인두라는 거고.

흐리게 쓴 글자는 따라 쓰세요.

아씨

아 씨　아 씨　아 씨

옛날에 아랫사람들이 젊은 여자를
높여 부르던 말.
(예) 우리 작은 아씨는 바느질을 잘해!

동무

동 무　동 무　동 무

친하게 지내는 사람.
(예) 동무끼리 사이좋게 지내라!

옷감

옷 감　옷 감　옷 감

옷을 만드는 데 쓰이는 천.
(예) 이 옷감은 참 부드럽구나!

알고 있니?　옷을 만드는 과정을 알아봐요

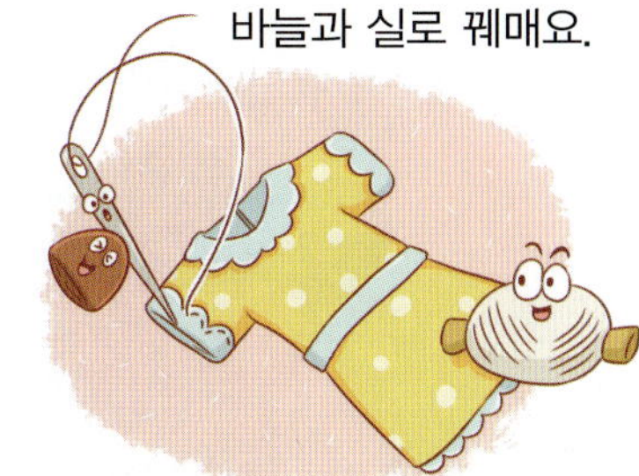

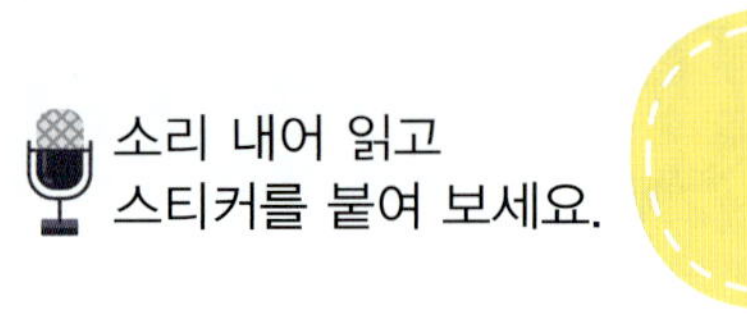

아씨방 일곱 동무

옛날에 옷을 잘 만드는 아씨가 있었어요. 아씨는 늦은 밤까지 일을 하다가 깜박 졸았어요. 그런데 소란스럽게 다투는 소리가 나지 않겠어요? 자, 가위, 바늘, 실, 인두, 다리미, 골무가 서로 자기가 최고라며 다투고 있었어요.

옷을 만들 때 꼭 필요한 일곱 ㉠동무들이에요.

"옷감의 길이를 정확하게 재지 않으면 옷을 제대로 만들 수 없어."

"그럼 뭐 해? 옷을 만들 때 옷감을 잘라야 하니 내가 제일이지."

"길이를 재서 잘라 놓은 옷감을 꿰매야* 옷을 만들 수 있지."

"흥, 나 없이는 옷감을 꿰맬 수 없잖아. 내가 이어 주어야 옷이 되지."

"내가 구석구석 옷감의 주름을 펴 주지 않으면 예쁘지 않아."

"인두 너는 구석만 펴 주지만 나는 모든 곳을 펴 주니 내가 제일 중요하지."

가만히 듣고 있던 골무가 말했어요.

"옷을 만들려면 우리 모두가 필요해. 그러니 서로 잘났다고 싸우지 말고 ㉡서로서로 힘을 합쳐야 해."

*꿰매야: 헤지거나 떨어진 것을 이어 주어야.

1 이 글의 내용으로 알맞지 <u>않은</u> 것은 무엇입니까? (   )

① 일곱 동무는 옷을 만들 때 꼭 필요한 것들입니다.
② 아씨는 밤 늦게까지 일을 하다가 깜박 졸았습니다.
③ 아씨는 일곱 동무가 서로 다투는 것을 말렸습니다.
④ 일곱 동무들은 서로 자기가 최고라며 다투었습니다.
⑤ 일곱 동무는 자, 가위, 바늘, 실, 인두, 다리미, 골무입니다.

내용 이해하고 활동하기

2 스티커 다음은 옷을 만들 때 필요한 일들입니다. 일곱 동무 중 누가 하는 일인지 쓰고, 알맞은 그림을 스티커에서 찾아 붙여 보세요.

(1) 옷감의 길이를 재는 일

(2) 옷감을 자르는 일

(3) 옷감을 이어 주는 일

(4) 옷감의 모든 곳의 주름을 펴 주는 일

낱말 뜻 이해하기

3 ㉠'동무'와 바꿔 쓸 수 있는 말을 쓰세요.

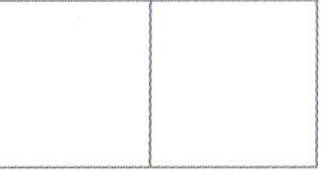

4 ⓛ '서로서로 힘을 합쳐야 해.'처럼 어떤 일을 이루어 내기 위해 여럿이 힘을 합치는 것을 무엇이라고 합니까? (   )

① 필요　　　　　② 중요　　　　　③ 협동
④ 소란　　　　　⑤ 최고

5 소매를 붙여 옷을 완성하려면 무엇과 무엇이 필요한지 빈칸에 들어갈 알맞은 말을 쓰세요.

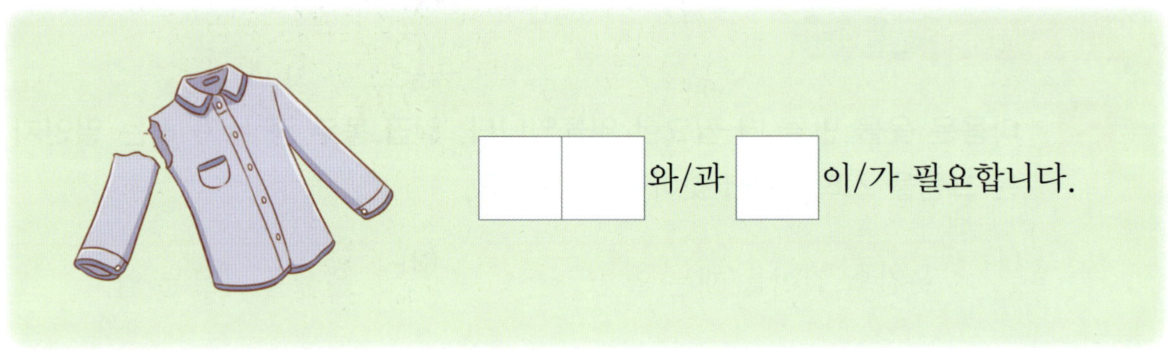

6 다음 이야기를 보고 느낀 점을 써 보세요.

어휘 살찌우기

'옷'과 관련 있는 낱말을 알아보고 따라 써 봅니다.

옷장	옷을 넣어 두는 장.

옷	장	옷	장	옷	장	옷	장

옷차림	옷을 차려입은 모양.

옷	차	림	옷	차	림	옷	차	림

옷걸이	옷을 걸어 두는 도구.

옷	걸	이	옷	걸	이	옷	걸	이

외래어

'옷'과 관련 있는 외래어를 알아보고 따라 써 봅니다.

조끼	소매가 없는 옷.

조	끼	조	끼	조	끼	조	끼

코트	추운 날씨에 겉옷 위에 입는 옷.

코	트	코	트	코	트	코	트

티셔츠	'T' 자 모양으로 생긴 셔츠.

티	셔	츠	티	셔	츠	티	셔	츠

스웨터	털실로 두툼하게 짠 윗옷.

스	웨	터	스	웨	터	스	웨	터

안전하게 공놀이를 해요

안전을 위해 규칙을 잘 지켜요.

어린이 보호구역
어린이 보호
30

길을 건널 때는
손을 들고
건너야 해.

맞아. 차가 오는지도
잘 살펴보고.

아빠, 여기
어린이 보호구역이라고
되어 있어요.

어린이 보호구역에서는
어린이들의 안전을 위해
차들이 천천히 가야 해.

흐리게 쓴 글자는 따라 쓰세요.

주차장

주 차 장   주 차 장

차를 세워 두기 위해 만든 장소.
예) 주차장에 차가 많아요.

안내판

안 내 판   안 내 판

여러 사람에게 알리거나 소개할 내용을 적은 판.
예) 관광지에 안내판을 세워 두었다.

택배

택 배   택 배   택 배

요금을 받고 우편물이나 짐을 원하는 곳에
직접 가져다주는 것.
예) 시간이 없으니 택배로 빨리 보내 주세요.

알고 있니? 안전을 위해 규칙을 지켜요

어린이 통학 버스는 왜 노란색일까요? 노란색은 사람의 주의나 관심을 끌고, 눈에 잘 띄는 색이기 때문이에요. 그리고 통학 버스를 타고 내릴 때에는 안전을 위해 지켜야 할 규칙이 있어요.

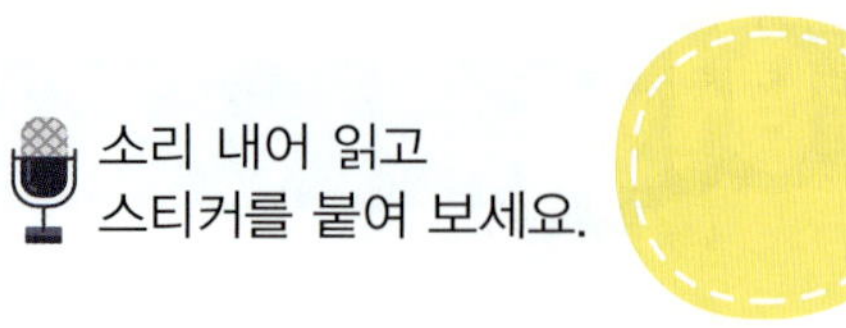

안전하게 공놀이를 해요

"얘들아, 우리 컴퓨터 게임은 그만하고 밖에 나가서 공놀이하자."

생일 선물로 아빠가 사 주신 새 축구공을 가지고 놀 생각에 나는 마음이 설레었어요.

신발을 신고 있는데 엄마가 말씀하셨어요.

"재밌게 놀아라. 하지만 위험한 곳에서는 절대로 공놀이하면 안 돼."

우리는 뛰어가다가 집 앞 주차장에 자동차가 두 대뿐인 걸 보았어요.

"지금 자동차가 별로 없네. 우리 여기서 하자."

주차장 한쪽에는 경고 안내판이 세워져 있었어요.

'이곳에서 놀면 위험해요!'

하지만 안내판은 당장 공놀이를 하고 싶은 우리를 제지하지 못했어요.

나는 새 축구공을 꺼내 친구들을 향해 힘껏 찼어요.

바로 그때, 마침 주차장으로 들어오던 택배 자동차 앞으로 공이 굴러갔어요.

자동차도, 공을 쫓아 달려가던 나와 친구들도 깜짝 놀라서 멈춰 섰어요.

택배 기사님이 자동차에서 내려 공을 주워 주며 엄한 목소리로 말했어요.

"얘들아, 저기 경고 안내판을 잘 보렴. 여기는 자동차가 많이 드나드는 곳이라서 위험하단다. 마을 앞에 있는 공원 놀이터에 가서 공놀이하렴."

㉠"네, 알겠습니다."

우리는 기사님께 잘못했다고 말씀드리고 공원 쪽으로 뛰어갔어요.

글의 내용 **이해하기**

1 이 글의 내용으로 알맞지 <u>않은</u> 것은 무엇입니까? (   )

① '나'는 생일날 친구들로부터 축구공 선물을 받았습니다.
② 택배 기사님은 갑자기 굴러온 축구공 때문에 깜짝 놀랐습니다.
③ '나'는 공놀이하기 전에 집에서 친구들과 컴퓨터 게임을 했습니다.
④ 택배 기사님의 말씀을 듣고 나서 '나'와 친구들은 사과를 드렸습니다.
⑤ '나'와 친구들은 공놀이하고 싶은 마음에 경고 안내판을 무시했습니다.

세부 내용 **이해하기**

2 주차장 한쪽에 세워져 있던 경고 안내판의 내용은 무엇입니까? (   )

① 속도를 줄이세요!
② 이곳에서 놀면 위험해요!
③ 쓰레기를 버리지 마세요!
④ 이쪽으로 다니지 마세요!
⑤ 시끄럽게 떠들지 마세요!

내용 이해하고 **추론하기**

3 ㉠"네, 알겠습니다." 뒤에 이어서 할 말로 알맞은 것에 모두 ○표 하세요.

(1)　"앞으로는 위험한 곳에서 놀지 않을게요."　　　　　　　(   )

(2)　"앞으로는 경고 안내판을 잘 치우고 놀게요."　　　　　　(   )

(3)　"앞으로는 주차장에서 공놀이하지 않을게요."　　　　　　(   )

(4)　"앞으로는 주차장에 차가 들어오지 않을 때만 공놀이할게요."　(   )

4 빈칸에 들어갈 알맞은 말을 이 글에서 찾아 쓰세요.

위험하므로 조심하라고 알리는 것을 　　　(이)라고 합니다.

5 빈칸에 들어갈 알맞은 말을 이 글에서 찾아 쓰세요.

택배 기사님은 차가 많이 드나드는 　　　에서 노는 것은 위험하다고 말했습니다.

6 스티커 다음의 장소에는 어떤 안내판을 붙이면 좋을지 스티커에서 찾아 붙여 보세요.

높임말

우리말에는 높임의 뜻이 있는 낱말이 있습니다. 웃어른께 쓰는 낱말을 알아보고 따라 써 봅니다.

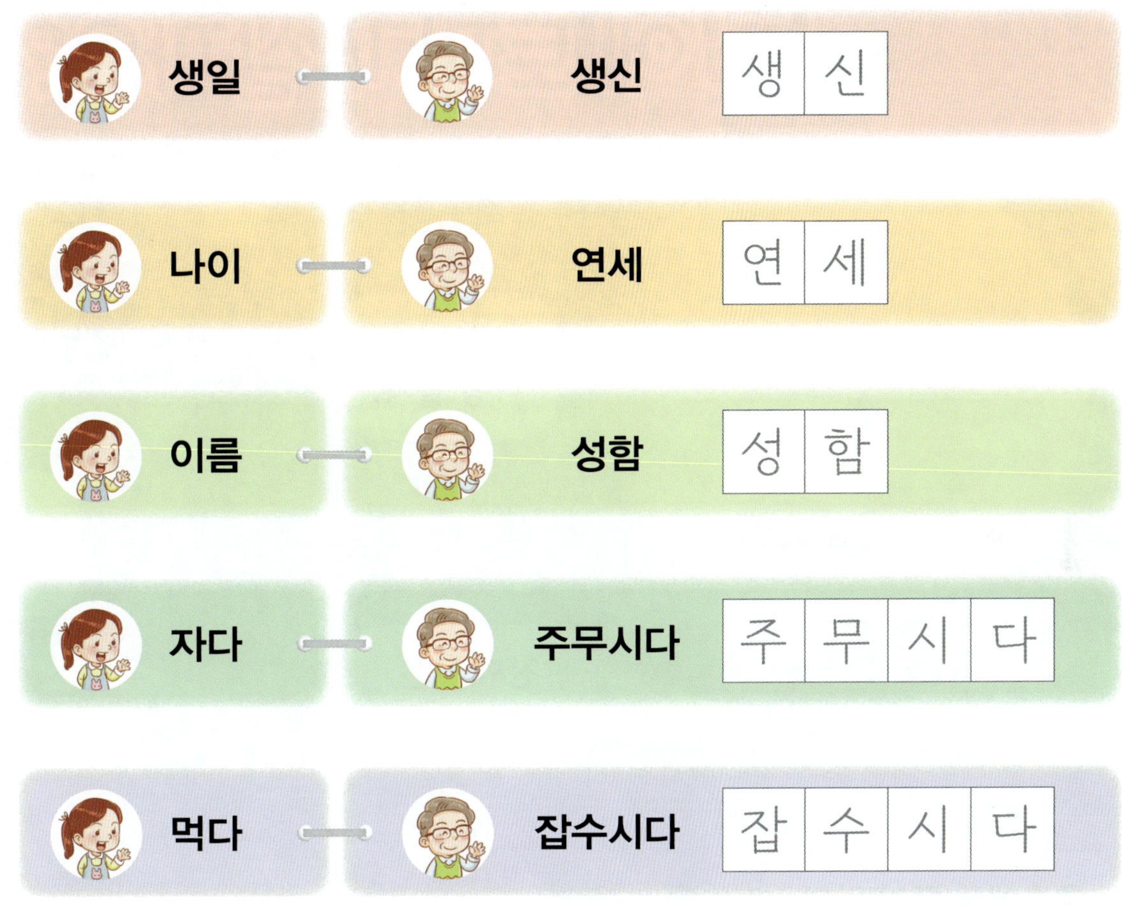

한자어

한자어를 소리 내어 읽고 따라 써 봅니다.

날마다 달님의 모습이 달라요.

달에 토끼가 살까요?

얘들아, 나랑 놀자.

달님한테 가려면 어떻게 해야 해요?

진짜 달은 하늘에 있어.

호수에도 달이 있어. 내가 잡을 거야.

그림으로 배우는 어휘

은하수

은 하 수   은 하 수

구름 띠 모양으로 길게 늘어서 강처럼 보이는 별의 무리.

예) 밤하늘에 보이는 은하수는 아름다워!

보름달

보 름 달   보 름 달

음력 15일 밤에 뜨는 둥근달.

예) 보름달을 보고 소원을 빌어 봐!

그림자

그 림 자   그 림 자

물체가 빛을 가려서 그 물체의 뒷면에 생기는 검은 그늘.

예) 내 그림자는 커졌다 작아졌다 해요.

알고 있니? 달이 커졌다 작아졌다 해요

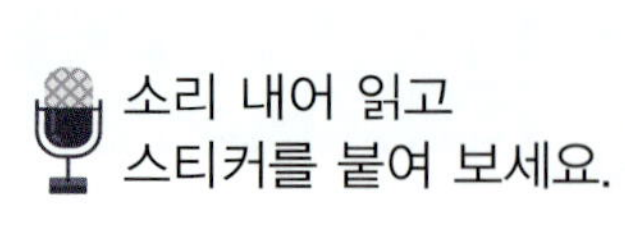

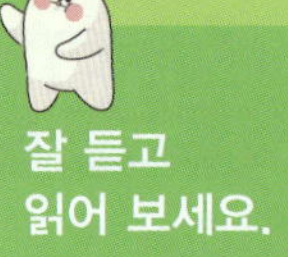

달에 토끼가 살까요?

옛날 사람들은 달에 토끼가 살고 있다고 생각했어요.

토끼가 하얀 쪽배를 타고 은하수를 건넌다는 노래도 있어요.

보름달을 보면 달에 토끼 모양이 보이기 때문이에요.

하지만 달에는 토끼가 살지 않아요.

1969년에 우주선을 타고 달에 다녀온 사람들이 있어요.

그 사람들이 달에 토끼가 살지 않는다고 알려 주었어요.

그러면 왜 달에서 토끼 모양이 보인다고 했을까요?

달의 겉은 울퉁불퉁해요.

달의 울퉁불퉁한 곳에 그림자가 생기면 어두운 부분과 밝은 부분이 보여요.

이때, 어두운 부분은 마치 어떤 사물이나 동물처럼 보여요.

어떤 나라 사람들은 그 모양이 사자 같다고 생각했어요.

어떤 나라 사람들은 책 읽는 사람 같다고 생각했고요.

또 어떤 나라 사람들은 게 같다고 생각했지요.

하지만 우리나라와 중국 사람들은 그 모양이 토끼 같다고 생각한 거예요.

*울퉁불퉁: 물체의 면이 고르지 않게 여기저기 몹시 나오고 들어간 모양.

1 이 글의 내용으로 알맞은 것은 무엇입니까? (   )

① 달의 겉은 울퉁불퉁합니다.

② 달에는 여러 동물이 삽니다.

③ 달에는 우주선이 못 갑니다.

④ 아직 아무도 달에 다녀오지 못했습니다.

⑤ 달의 밝은 부분은 항상 사자처럼 보입니다.

2 옛날 사람들이 달에 토끼가 산다고 생각한 까닭은 무엇입니까? (   )

① 달에 토끼가 살기 때문입니다.

② 달에는 숲이 있기 때문입니다.

③ 달에 토끼 그림을 그렸기 때문입니다.

④ 달의 어두운 부분이 토끼처럼 보이기 때문입니다.

⑤ 달에는 호랑이 같은 무서운 동물이 없기 때문입니다.

3 다음 빈칸에 들어갈 알맞은 말을 이 글에서 찾아 쓰세요.

> 달의 울퉁불퉁한 곳에 ☐☐☐이/가 생기면 어두운 부분과 밝은 부분이 보입니다.

4 달의 어두운 부분을 보고 사람들이 생각한 것이 <u>아닌</u> 것은 무엇입니까? (   )

① 게 같다.
② 사자 같다.
③ 토끼 같다.
④ 우주선 같다.
⑤ 책 읽는 사람 같다.

세부 내용 이해하기

5 빈칸에 들어갈 알맞은 말을 이 글에서 찾아 쓰세요.

<table><tr><td></td><td></td><td></td></tr></table> 을/를 타고 달에 다녀온 사람들이 달에 토끼가 살지 않는

다고 알려 주었습니다.

배경지식 활용하여 추론하기

6 스티커 달의 모양에 따라 어떻게 부르는지 이름을 쓰고, 알맞은 달의 모양을 스티커에서 찾아 붙여 보세요.

어휘 살찌우기

'타다'는 글자는 같은데 뜻이 다른 낱말로 쓰입니다. 낱말의 뜻을 알아보고 따라 써 봅니다.

타다 올라앉아 이동하다.

| 버 | 스 | 를 | | 타 | 다 |

타다 상 등을 받다.

| 상 | 을 | | 타 | 다 |

타다 섞거나 녹이다.

| 물 | 에 | 꿀 | 을 | | 타 | 다 |

타다 불이 붙어서 불길이 일어나다.

| 산 | 이 | 불 | 에 | | 타 | 다 |

순우리말

'달'과 관련 있는 순우리말을 알아보고 따라 써 봅니다.

달밤 달이 떠서 밝은 밤.

| 달 | 밤 |

달빛 달이 비치는 빛.

| 달 | 빛 |

달무리 달 둘레에 생기는 하얀색 고리 모양의 띠.

| 달 | 무 | 리 |

달맞이 달이 뜨기를 기다려 맞이하는 것.

| 달 | 맞 | 이 |

자연의 재료로 만든 **우리나라의 악기**!

덩기덕, 두둥둥,
무슨 소리일까요?

대나무

대 나 무　대 나 무

속이 비고 마디가 있는 나무.
예) 대나무로 바구니를 만들었어.

가죽

가 죽　가 죽　가 죽

동물의 몸에서 벗겨 낸 껍질.
예) 삼촌이 가죽으로 가방을 만들어 주셨어.

채

채　채　채　채　채

북이나 장구 등을 쳐서 소리가 나게 하는
도구.
예) 채를 들고 북을 신나게 쳤어.

알고 있니?　우리 악기로 신나게 놀아 보자!

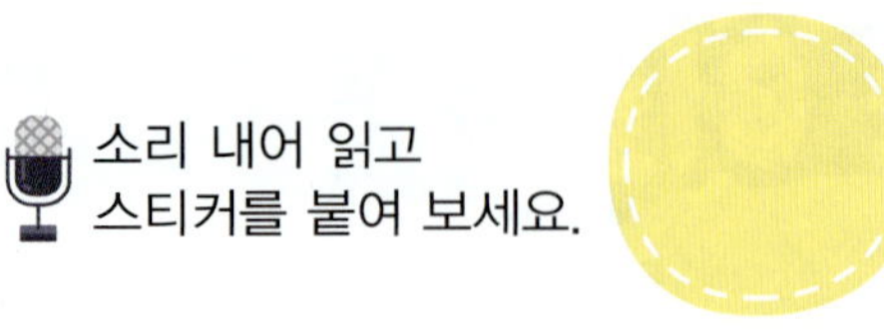

덩기덕, 두둥둥, 무슨 소리일까요?

먼 옛날부터 우리 조상들은 악기를 만들어 음악을 연주했습니다. 마을에 기쁜 일이 있을 때나 슬픈 일이 있을 때 모여서 악기를 연주했지요.

악기들은 흙, 대나무, 가죽, 돌, 나무 등으로 만들었습니다. 모두 자연에서 얻은 재료들로 만들었지요. 이러한 재료로 만든 우리 악기 중에는 북과 장구가 있어요.

북과 장구는 둘 다 가죽으로 만든 악기입니다. 옛날 사람들은 동물의 가죽을 말린 뒤에 동그란 나무통에 씌워 북을 만들었습니다. 이렇게 만든 북은 두드리면 "두둥둥." 소리를 냅니다.

장구는 큰 나무통 두 개와 그 사이에 작은 통 한 개를 붙여 만들었습니다. 두 개의 큰 나무통에는 가죽을 씌워서 채와 손으로 두드려 소리를 냅니다. 일반적으로 손바닥으로 치는 장구의 왼쪽을 북편이라고 합니다. 그리고 채로 치는 장구의 오른쪽을 채편이라고 합니다. 이렇게 만든 장구는 "덩기덕 쿵따라라." 소리를 냅니다.

우리 조상들은 북을 울리고 장구를 치며 모두 어울려 덩실덩실 춤을 추며 놀았습니다.

1 이 글의 내용으로 알맞지 <u>않은</u> 것은 무엇입니까? (   )

① 북과 장구는 두드리거나 쳐서 소리를 냅니다.
② 우리 조상들은 모여서 악기를 연주하며 놀았습니다.
③ 북과 장구는 동물의 가죽을 사용해 만든 악기입니다.
④ 먼 옛날의 우리 조상들은 악기를 만들 줄 몰랐습니다.
⑤ 우리 조상들은 자연에서 얻은 재료로 악기를 만들었습니다.

세부 내용 이해하기

2 우리 조상들이 만든 악기의 재료로 쓰이지 <u>않은</u> 것은 무엇입니까? (   )

① 흙
② 돌
③ 나무
④ 가죽
⑤ 유리

세부 내용 이해하기

3 빈칸에 들어갈 알맞은 말을 이 글에서 찾아 쓰세요.

우리 조상들은 마을에 ☐☐ 일이나 ☐☐ 일이 있을 때 모여서 악기를 연주했습니다.

4 '북'을 만드는 과정에 맞게 빈칸에 공통으로 들어갈 말을 쓰세요.

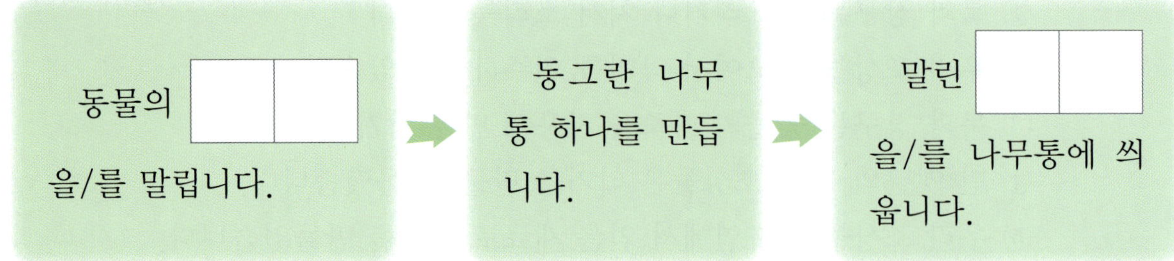

5 다음 그림을 보고 ㉠과 ㉡을 무엇이라고 하는지 보기 에서 찾아 쓰세요.

6 스티커 다음은 어떤 악기가 내는 소리를 흉내 낸 말인지 스티커에서 찾아 붙이고, 악기 이름을 쓰세요.

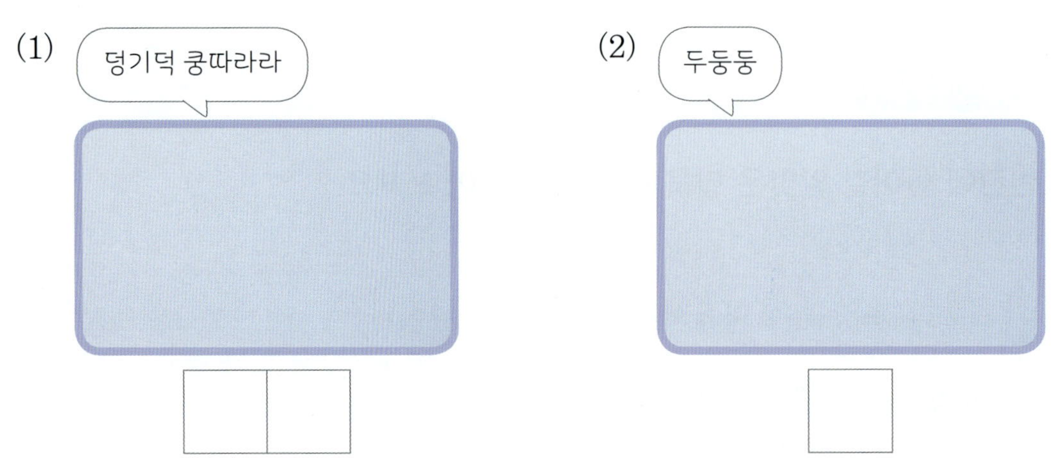

어휘 살찌우기

'장구'와 '북' 이외에 우리나라 전통 악기에는 무엇이 있는지 알아보고 따라 써 봅니다.

한자어

한자어와 우리말이 합쳐진 낱말을 따라 써 봅니다.

사물놀이

넷 사 四 + 만물 물 物 + 놀이

네 사람이 각각 꽹과리, 징, 장구, 북을 가지고 어울려 앉아서 치는 놀이.

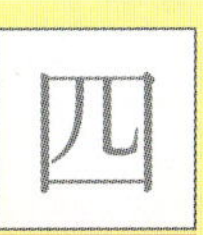

풍물놀이

바람 풍 風 + 만물 물 物 + 놀이

농촌에서 농부들이 나팔, 징, 꽹과리, 북, 장구 따위를 불거나 치면서 노는 놀이.

더하는 게 좋을까? 빼는 게 좋을까?

더하기와 빼기

덧셈

덧 셈   덧 셈   덧 셈

하나의 수에 또 하나의 수를 더하는 셈.
(예) 덧셈을 배우고 있어!

뺄셈

뺄 셈   뺄 셈   뺄 셈

어떤 수에서 어떤 수를 덜어 내는 셈.
(예) 뺄셈을 하면 원래의 것보다 줄어들어!

문제

문 제   문 제   문 제

답을 찾아야 하는 물음.
(예) 문제가 너무 어려워요.

알고 있니? 아침에 셋, 저녁에 넷!

더하기와 빼기

선생님이 오늘은 ㉠덧셈과 뺄셈을 배운다고 하셨어요.

 이 문제를 풀어 보렴.

선생님은 칠판에 문제를 적었어요.

 5 더하기 5는 10, 5 빼기 3은 2예요.

선생님은 잘했다고 칭찬하셨어요. 그리고 더하기는 처음보다 더 많아지고 빼기는 더 적어지는 것이라고 설명하셨어요.

 저는 더하기만 하면 좋겠어요. 많아지는 건 좋으니까요.

 정말 그럴까? 미세 먼지가 어제보다 더 많아져도 괜찮을까? 반대로 미세 먼지가 줄어드는 건 어때?

 아하! 많아진다고 무조건 좋아지는 건 아니네요?

 그래. 어떤 것은 더해지면 좋지만, 어떤 것은 빼는 게 좋은 것도 있지.

선생님은 ㉡무엇을 더하고 무엇을 빼면 좋을지를 좀 더 생각해 보자고 하셨어요.

 노는 시간은 많아지고, 숙제는 줄어들었으면 좋겠어요.

 그럼, 노는 시간을 더하고 숙제는 뺄 수 있는 방법을 찾아볼까?

1 이 글의 내용으로 알맞지 <u>않은</u> 것은 무엇입니까? (　　　　)

① 선생님이 문제를 내서 풀게 하셨습니다.
② 오늘은 덧셈과 뺄셈을 배우는 날입니다.
③ 아이는 노는 시간이 많아지기를 바랍니다.
④ 선생님은 숙제를 안 내 주신다고 하셨습니다.
⑤ 아이들은 무엇을 빼고 무엇을 더하면 좋을지 생각해 보았습니다.

2 다음 문제의 빈칸에 들어갈 알맞은 것을 보기 에서 찾아 쓰세요.

| 보기 | • 덧셈 | • 뺄셈 | • + | • − |

(1) '5 더하기 5는 10'은 □□ 입니다. ➡ '5 □ 5 = 10'이라고 씁니다.

(2) '5 빼기 3은 2'는 □□ 입니다. ➡ '5 □ 3 = 2'라고 씁니다.

세부 내용 이해하기

3 ㉠'덧셈과 뺄셈'에 대한 내용으로 알맞지 <u>않은</u> 것은 무엇입니까? (　　　　)

① 5+5=10
② 5 빼기 3은 2입니다.
③ 빼기는 처음보다 적어지는 것입니다.
④ 더하기는 처음보다 많아지는 것입니다.
⑤ 덧셈은 처음보다 더 적어지는 것입니다.

4 ㉡에 대해 아이는 어떤 대답을 하였는지 빈칸에 들어갈 알맞은 말을 이 글에서 찾아 쓰세요.

> "　　　　　　은/는 많아지고, 　　은/는 줄어들었으면 좋겠어요."

5 다음 친구들의 대화를 읽고, 맞는 내용에 ○표 하세요.

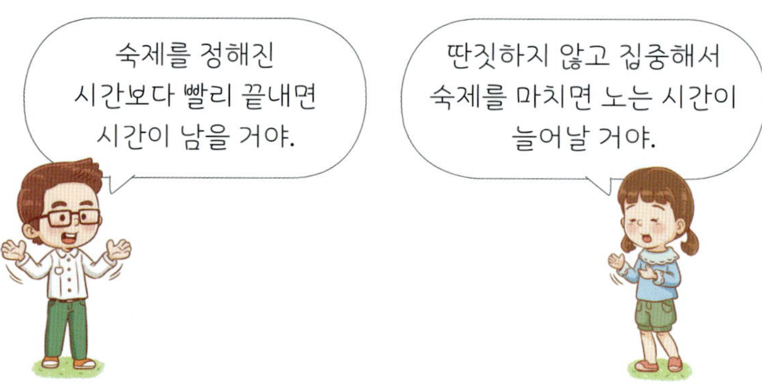

(1) 숙제가 줄어들게 하는 방법에 대해 이야기하고 있습니다. 　　　(　　　　)
(2) 노는 시간이 많아지게 하는 방법에 대해 이야기하고 있습니다. 　　（　　　　）

6 스티커 엄마가 말한 대로 아이들은 간식을 받습니다. 어떤 간식을 몇 개씩 더 주면 되는지 스티커에서 찾아 붙여 보세요.

흐리게 쓴 글자는 따라 쓰세요.

잘못 쓰기 쉬운 말

낱말을 쓸 때 잘못 쓰기 쉬운 낱말이 있습니다. 바르게 쓴 낱말을 잘 보고 따라 써 봅니다.

한자어

한자어를 소리 내어 읽고 따라 써 봅니다.

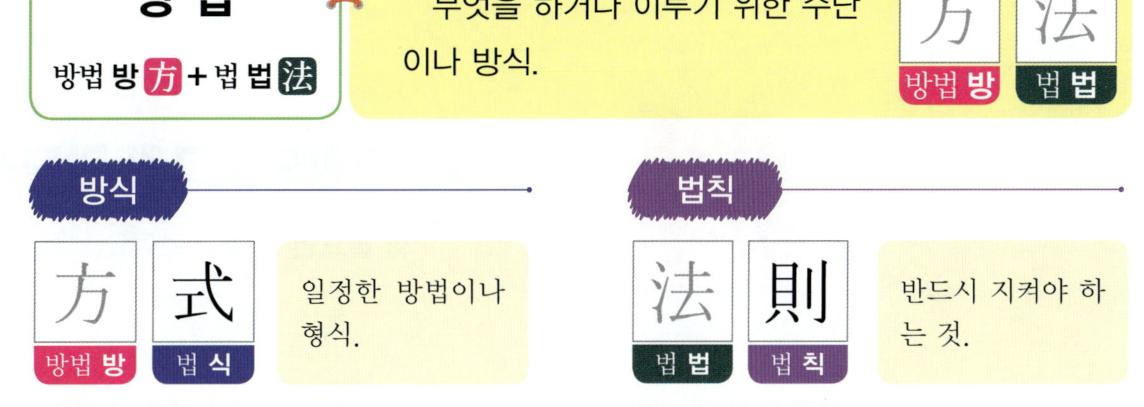

무엇을 배울까요?

1회 차별하지 마세요!
인문 | 문학 ★ 우리도 동물도 모두 소중해요.

2회 목화씨를 가져온 문익점
사회 | 역사 ★ 목화에서 따뜻한 솜이 나와요.

3회 고양이는 사냥꾼
과학 | 자연 ★ 고양이와 사냥 놀이를 해 주세요.

4회 돌을 쌓아 만든 무덤, 피라미드
예술 | 문화 ★ 거인이 만들었을까?

5회 소리를 그림으로 그린 칸딘스키
STEAM ★ 잘 들으면 소리도 보여요.

어느 수준일까요?

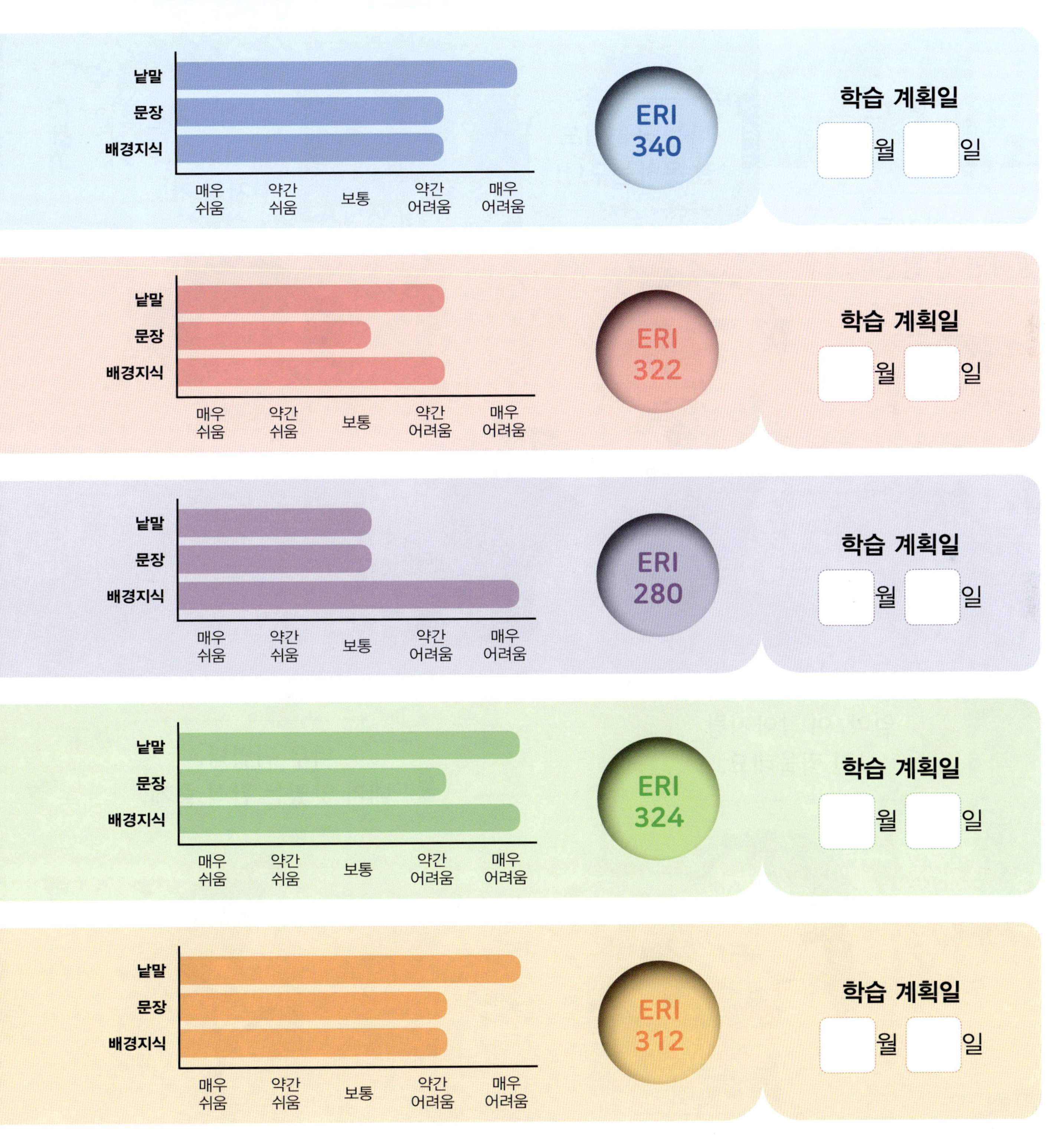
낱말
문장
배경지식
매우 쉬움
약간 쉬움
보통
약간 어려움
매우 어려움
ERI 340
학습 계획일
월 일

낱말
문장
배경지식
매우 쉬움
약간 쉬움
보통
약간 어려움
매우 어려움
ERI 322
학습 계획일
월 일

낱말
문장
배경지식
매우 쉬움
약간 쉬움
보통
약간 어려움
매우 어려움
ERI 280
학습 계획일
월 일

낱말
문장
배경지식
매우 쉬움
약간 쉬움
보통
약간 어려움
매우 어려움
ERI 324
학습 계획일
월 일

낱말
문장
배경지식
매우 쉬움
약간 쉬움
보통
약간 어려움
매우 어려움
ERI 312
학습 계획일
월 일

차별하지 마세요!

우리도 동물도 모두 소중해요.
너는 공놀이도 잘 못하는구나!
이 강아지는 더러워. 저리 가!
얘들아, 강아지들도 차별하면 안 된단다.
엄마, 이 강아지랑 사진 찍을래요.
너무 귀엽다. 내가 맛있는 간식 줄게.

차별

| 차 | 별 | 차 | 별 | 차 | 별 |

높고 낮음이나 차이에 따라 구별함.

(예) 사람을 차별하지 마세요!

제자

| 제 | 자 | 제 | 자 | 제 | 자 |

가르치고 배우는 관계에서 배우는 사람.

(예) 나는 선생님 말씀을 잘 듣는 제자야.

신분

| 신 | 분 | 신 | 분 | 신 | 분 |

사람의 위치를 구분한 것.
학교나 직장 등에서의 지위나 자격.

(예) 양반과 하인은 신분이 서로 달랐어.

알고 있니? 우리는 모두 다르지만 소중해요

　우리는 얼굴 색이 다른 사람, 하는 일이 다른 사람, 남자와 여자, 어른과 아이, 생김새가 다른 사람 등 다양한 사람들과 함께 살고 있어요. 하는 일과 모습은 서로 달라도 모두 소중한 사람들이에요. 나와 다르다는 이유로, 내 마음에 들지 않는다는 이유로 차별하는 것은 옳지 못한 행동이에요.

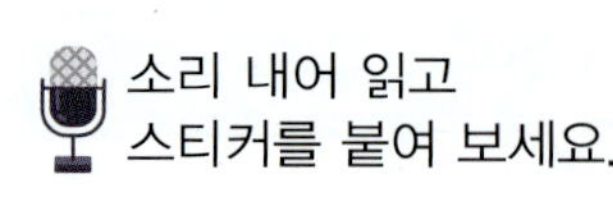

차별하지 마세요!

옛날 중국에 많은 제자를 둔 공자라는 사람이 있었어요. 당시에는 태어난 신분에 따라 사람을 차별하는 것이 당연한 시대였어요. 하지만 공자는 사람의 됨됨이를 더 중요하게 생각했지요. 공자가 아끼는 제자 중에는 신분이 낮은 사람이 있었어요. 그런데 신분이 높은 제자 중에서 이를 좋지 않게 생각하는 사람들이 있었어요.

어느 날, 공자는 제자들을 데리고 농사일로 바쁜 들판으로 갔어요.

그곳에는 농부와 부지런히 밭을 갈고 있는 두 마리의 소가 있었어요. 한 마리는 몸집이 크고 검은색 털이 반짝반짝 빛났어요. 다른 한 마리는 몸집이 작고 털이 얼룩덜룩한 소예요. 겉모습은 달랐지만 두 소 모두 일을 잘해서 농부는 두 소를 모두 자랑스러워했어요.

이때, 공자는 검은색 털을 가진 소를 가리키며 제자들에게 말했어요.

"일은 둘 다 잘하지만 보기에 좋은 저 소가 훨씬 훌륭하지?"

그 말을 들은 제자들은 둘 다 훌륭한 소라고 말했어요. 겉모습만 보고 차별하면 안 된다고도 했어요. 그러자 공자는 고개를 끄덕이며 사람도 마찬가지라고 말했어요. 그제서야 제자들은 공자가 이곳으로 자신들을 데려온 이유를 알아차렸어요. 신분에 따라 사람을 차별했던 ㉠제자들은 부끄러워 고개를 숙였답니다.

1 이 글의 내용으로 알맞지 <u>않은</u> 것은 무엇입니까? (　　　　)

① 공자의 제자 중에는 신분이 낮은 사람도 있었습니다.
② 일하고 있는 소 두 마리의 생김새는 매우 달랐습니다.
③ 옛날 중국에서는 태어난 신분에 따라 사람을 차별했습니다.
④ 공자는 다른 사람들처럼 신분에 따라 사람을 차별했습니다.
⑤ 제자들은 소의 겉모습만 보고 차별하면 안 된다고 했습니다.

내용 이해하고 추론하기

2 공자가 제자들을 데리고 들판으로 간 까닭은 무엇이겠습니까? (　　　　)

① 열심히 일하는 소들을 보고 공부를 열심히 하기를 바랐기 때문입니다.
② 농사를 지을 때는 소가 꼭 필요하다는 것을 알려 주고 싶었기 때문입니다.
③ 제자들에게 신분이 중요한 것이 아님을 깨닫게 해 주고 싶었기 때문입니다.
④ 들판에서 일을 하는 것이 얼마나 힘든지를 깨닫게 해 주고 싶었기 때문입니다.
⑤ 농부가 자신의 소들을 얼마나 자랑스럽게 여기는지를 알려 주고 싶었기 때문입니다.

글의 내용 적용하기

3 공자는 사람과 소를 어떻게 비교한 것인지 서로 관련 있는 것끼리 줄(–)로 이으세요.

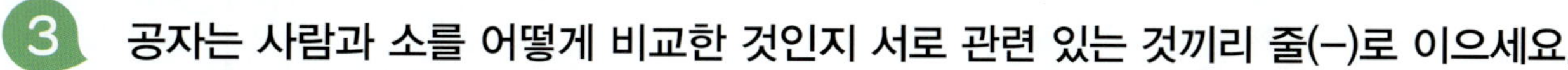

(1) 신분이 낮은 사람　·

(2) 신분이 높은 사람　·

· 몸집이 크고 검은색 털이 반짝반짝 빛나는 소

· 몸집이 작고 털이 얼룩덜룩한 소

4 공자는 사람에게 가장 중요한 것은 무엇이라고 생각했는지 이 글에서 찾아 쓰세요.

사람의 ☐☐☐

5 ㉠'제자들은 부끄러워 고개를 숙였답니다.'에서 제자들이 부끄러워한 까닭은 무엇입니까? (   )

① 공자의 말을 잘 따랐기 때문에
② 신분이 낮은 사람을 차별했기 때문에
③ 농부의 일을 도와주지 않았기 때문에
④ 신분이 낮은 사람을 더 아꼈기 때문에
⑤ 소를 잘나고 못난 소로 구분했기 때문에

6 사탕을 나눠 주는 아이의 행동은 무엇이 잘못되는지 써 보세요.

흐리게 쓴 글자는 따라 쓰세요.

헷갈리는 우리말

우리말에는 쓰임이 헷갈리는 낱말이 있습니다. 정확한 낱말의 뜻을 알아보고 따라 써 봅니다.

가리키다

'손가락 따위로 방향이나 어떤 대상을 꼭 집어서 나타내다.'라는 뜻입니다.

| 가 | 리 | 키 | 다 |
| 가 | 리 | 키 | 다 |

㉞ 내가 가리키는 꽃을 잘 봐.

가르치다

'모르는 것을 알게 하거나 익히게 하다.'라는 뜻입니다.

| 가 | 르 | 치 | 다 |
| 가 | 르 | 치 | 다 |

㉞ 선생님이 한글을 가르치는 중이셔.

한자어

한자어를 소리 내어 읽고 따라 써 봅니다.

차 별

어긋날 차 差 + 다를 별 別

높고 낮음이나 차이에 따라 구별함.

差 (어긋날 차)　別 (다를 별)

차이

差 (어긋날 차)　異 (다를 이)

서로 같지 않고 다름.

별명

別 (다를 별)　名 (이름 명)

이름 대신 부르는 이름.

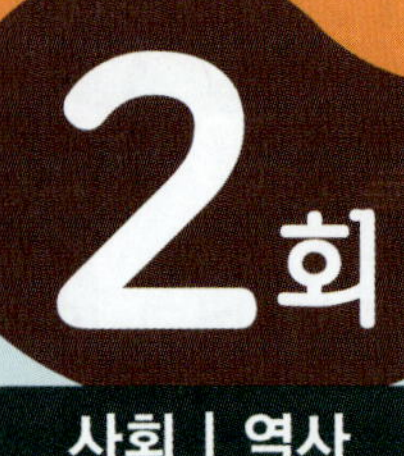

목화에서 따뜻한 솜이 나와요.

목화씨를 가져온 문익점

흐리게 쓴 글자는 따라 쓰세요.

목화

목 화   목 화   목 화

열매가 익으면 하얀 솜이 붙은 씨가 드러나는 식물.

예 목화는 가을에 노란색 꽃이 핀대.

다른 말로 **면화**라고도 해.

솜

솜   솜   솜

목화에서 씨를 빼고 남은 희고 부드러운 덩어리.

예 이불에 포근한 솜이 들어 있어.

솜처럼 생긴 사탕을 **솜사탕**이라고 하지.

고향

고 향   고 향   고 향

자기가 태어나서 자란 곳.

예 엄마는 늘 고향을 그리워하셔.

고향의 반대말은 **타향**이야.

알고 있니? 할아버지, 목화솜은 어디서 나와요?

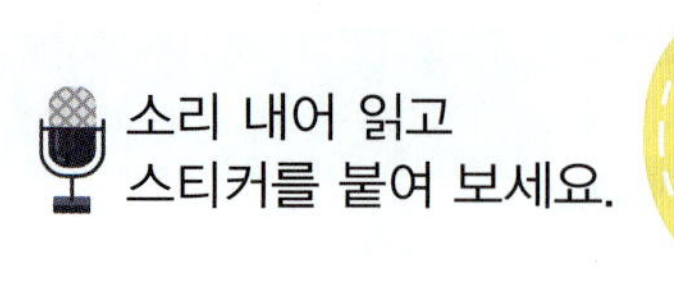

목화씨를 가져온 문익점

고려 시대에 문익점이라는 사람이 살았어요. 문익점은 왕의 심부름으로 중국에 갔다가 길가에 피어 있는 목화를 보았어요. 목화에는 하얀 솜이 달려 있었어요. 중국 사람들은 이 하얀 솜으로 만든 따뜻한 옷을 입고 있었지요.

'우리나라에도 목화가 있다면 따뜻한 옷을 입을 수 있을 텐데!'

문익점은 목화씨를 가지고 고향에 돌아왔어요. 목화씨를 땅에 심고 정성껏 길렀어요. 그러나 목화를 기르는 일은 매우 어려웠어요. 중국과 날씨가 달랐기 때문이에요.

마침내 목화씨 한 개에서 싹이 돋아 나무로 자랐어요. 그리고 그 나무에서 여러 개의 하얀 목화송이가 피었어요. 문익점은 목화 나무를 아주 소중하게 길렀어요. 3년째 되던 해에는 목화송이가 엄청 많아졌어요. 그래서 목화씨를 마을 사람들에게 나누어 주었어요.

"자, 목화 나무를 길러 우리도 따뜻한 솜옷을 입읍시다!"

문익점은 목화 나무 기르는 방법을 전국에 알렸어요. 이때부터 고려 사람들도 목화솜으로 만든 따뜻한 옷을 입게 되었지요.

글의 내용 이해하기

1 일이 일어난 순서대로 번호를 쓰세요.

(1)　문익점은 왕의 심부름으로 중국에 갔습니다.　(　　　)

(2)　고려 사람들은 따뜻한 솜옷을 입게 되었습니다.　(　　　)

(3)　문익점은 목화씨를 가지고 고향으로 돌아왔습니다.　(　　　)

글의 내용 이해하기

2 문익점에 대한 설명으로 알맞지 <u>않은</u> 것은 무엇입니까? (　　　)

① 중국에 다녀왔습니다.
② 고려 시대의 사람입니다.
③ 목화씨를 싼값에 팔았습니다.
④ 목화 나무를 정성껏 길렀습니다.
⑤ 목화 나무 기르는 방법을 전국에 알렸습니다.

세부 내용 이해하기

3 빈칸에 들어갈 알맞은 말을 이 글에서 찾아 쓰세요.

문익점은 목화씨를 땅에 심었습니다. 하지만 중국과 　　　　이/가 다른 고려에서는 목화씨가 잘 자라지 못했습니다.

4 뜻이 서로 반대인 말을 찾아 줄(–)로 이으세요.

(1) 가다 •　　　　　• ㉠ 벗다

(2) 입다 •　　　　　• ㉡ 오다

(3) 따뜻하다 •　　　　　• ㉢ 춥다

5 빈칸에 들어갈 알맞은 말을 이 글에서 찾아 쓰세요.

> 문익점은 목화 나무 기르는 방법을 전국에 알려 주었습니다. 그 덕분에 고려 사람들은 ☐☐☐ (으)로 만든 옷을 입고 겨울을 따뜻하게 지낼 수 있게 되었습니다.

6 스티커 목화꽃에서 목화솜이 되는 과정에 알맞은 그림을 스티커에서 찾아 붙여 보세요.

하얀 목화꽃이 피었어요.

꽃이 점점 진한 분홍색이 되었어요.

꽃이 떨어지고 열매가 생겼어요.

열매가 터지고 하얀 솜이 나왔어요.

잘못 쓰기 쉬운 말

낱말을 쓸 때 잘못 쓰기 쉬운 낱말이 있습니다. 바르게 쓴 낱말을 잘 보고 따라 써 봅니다.

한자어

한자어를 소리 내어 읽고 따라 써 봅니다.

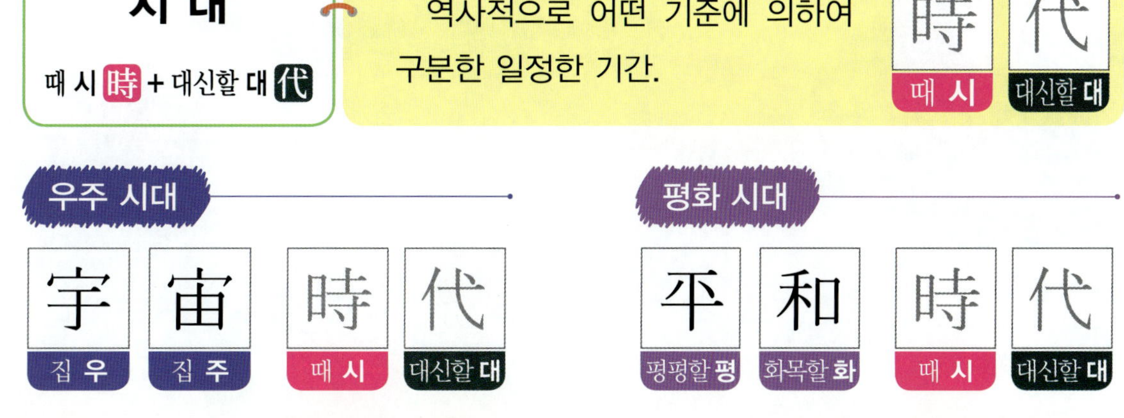

고양이는 사냥꾼

고양이와 사냥 놀이를 해 주세요.

그래야 스트레스를
받지 않는단다.

고양이는 하루에 두세 번,
10분 정도 사냥 놀이를
해 주는 게 좋아.

공놀이하는 고양이가
참 귀여워요.

자꾸 움직이네?
이번에는 꼭 잡을 거야.

흐리게 쓴 글자는 따라 쓰세요.

2 주차

1회
2회
3회
4회
5회

수염

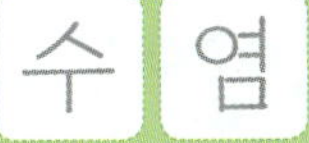 수 염　 수 염　 수 염

성인 남자나 동물의 입 주변에 난 털.
예) 고양이의 수염이 움직였다.

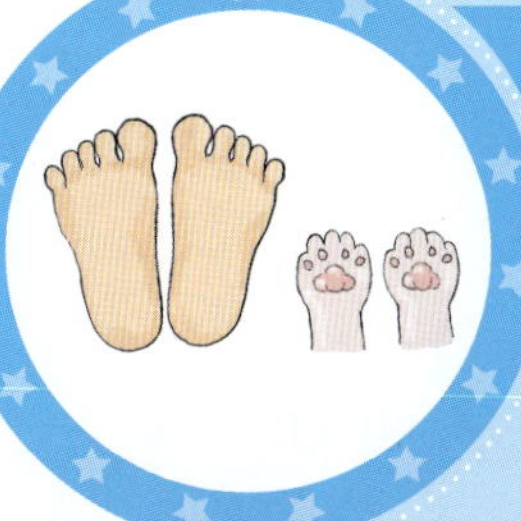

발바닥

발 바 닥　　발 바 닥

서 있을 때 바닥에 닿는 발의 평평한 부분.
예) 오래 걸어서 발바닥이 아팠어!

어둠

어 둠　　어 둠　　어 둠

빛이 없는 어두운 상태.
예) 가로등이 어둠을 밝히고 있다.

알고 있니?　고양이, 표범, 호랑이. 우리는 고양잇과야!

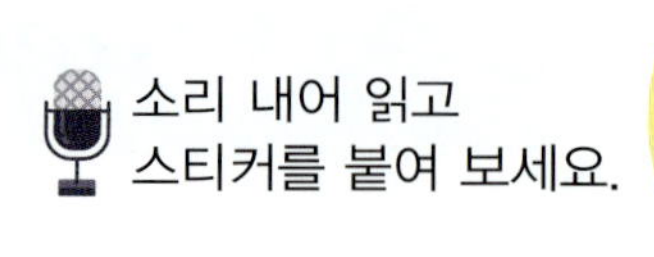

고양이는 사냥꾼

고양이가 몸을 낮추고 ㉠소리 없이 기어가요. 그러더니 몸을 잔뜩 웅크렸다가 뛰어나가요. 고양이가 들쥐를 잡았어요! 귀여운 고양이가 들쥐를 잡아서 놀랐나요? 놀라지 마세요. 고양이는 뛰어난 사냥꾼이거든요.

그런데 고양이는 왜 사냥을 잘할까요? 고양이는 사냥하기 좋은 몸을 갖고 있기 때문이에요.

고양이는 수염으로 더운지 추운지 느낄 수 있어요. 또, 수염으로 바람을 느끼고, 길이 얼마나 좁은지도 알 수 있지요. 그래서 사냥할 때 길을 잘 찾아가지요.

고양이의 눈은 어둠 속에서도 잘 볼 수 있어요. 또 움직이는 것을 잘 볼 수 있지요.

고양이는 아주 작은 소리도 잘 들을 수 있어요. 그리고 얼마나 멀리서 소리가 나는지 알 수 있어요.

고양이의 발바닥은 아주 예민해요. 발바닥에 닿기만 해도 무엇인지 알 수 있어요. 또 폭신해서 사냥할 때 발소리를 내지 않아요.

고양이는 날카로운 발톱을 갖고 있어요. 발톱은 사냥할 때 발가락 밖으로 나와요.

이처럼 고양이는 수염, 눈, 귀로 먹이를 찾아요. 그리고 날카로운 발톱으로 먹이를 잡지요.

1 이 글에서 알 수 있는 고양이의 특징으로 알맞은 것은 무엇입니까? (   )

① 고양이는 수영을 잘합니다.
② 고양이는 사냥을 잘합니다.
③ 고양이는 밤에 잠을 잡니다.
④ 고양이는 과일을 좋아합니다.
⑤ 고양이는 기분이 좋을 때 소리를 냅니다.

2 사냥하기 좋은 고양이의 특징이 <u>아닌</u> 것은 무엇입니까? (   )

① 날카로운 발톱을 가졌습니다.
② 더위나 추위를 느끼지 않습니다.
③ 어둠 속에서도 잘 볼 수 있습니다.
④ 작은 소리도 잘 들을 수 있습니다.
⑤ 폭신한 발바닥으로 발소리를 내지 않습니다.

3 다음은 고양이의 몸 중 무엇의 특징을 설명한 것입니까? (   )

- 바람을 느낄 수 있습니다.
- 길이 얼마나 좁은지 알 수 있습니다.

① 눈   ② 귀   ③ 코   ④ 수염   ⑤ 발바닥

4 ㉠'소리 없이 기어가요'와 관련 있는 고양이 몸의 특징은 무엇입니까? (   )

① 폭신한 발바닥

② 길을 잘 찾는 수염

③ 작은 소리도 잘 듣는 귀

④ 움직이는 것을 잘 보는 눈

⑤ 발가락 밖으로 나오는 발톱

5 고양이에 대해 말한 것 중 알맞은 것에 모두 ○표 하세요.

(1) 

(   )

(2) 

(   )

(3) 

(   )

6 고양이로 삼행시를 지어 보세요.

 고

 양

 이

잘못 쓰기 쉬운 말

낱말을 쓸 때 잘못 쓰기 쉬운 낱말이 있습니다. 바르게 쓴 낱말을 잘 보고 따라 써 봅니다.

들쥐 ◎	들지 ✕	→	들	쥐	들	쥐
낮추고 ◎	나추고 ✕	→	낮	추	고	낮	추	고
발가락 ◎	발까락 ✕	→	발	가	락	발	가	락
웅크리다 ◎	웅쿠리다 ✕	→	웅	크	리	다	웅	크	리	다

재미있는 속담 익히기

고양이 쥐 생각한다

쥐는 고양이가 가장 좋아하는 먹이이자 사냥감 중 하나예요. 그러니까 '고양이 쥐 생각한다'는 쥐가 보고 싶어서 생각한다는 뜻이 아니지요. 속으로는 잡아먹을 궁리를 하면서 겉으로는 잘해 주는 척하는 걸 말해요. 속마음을 숨기고 겉으로만 생각해 주는 사람이 있을 때 주로 쓰는 속담입니다.

속담을 따라 써 봅니다.

| 고 | 양 | 이 | | 쥐 | | 생 | 각 | 한 | 다 |

돌을 쌓아 만든 무덤, 피라미드

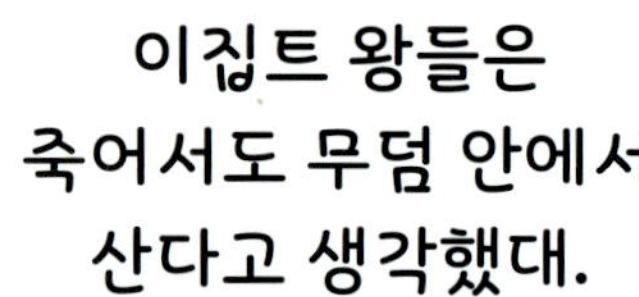

구경

구 경 구 경 구 경

어떤 것에 흥미를 가지고 봄.
 동물원에서 동물 구경을 했어.

구경을 하는 사람을
구경꾼이라고 해.

진흙

진 흙 진 흙 진 흙

빛깔이 붉고 끈끈한 흙.
 비가 많이 와서 길이 진흙으로 덮였어.

온통 진흙이 묻어 있으면
진흙 투성이라고 해.

벽돌

벽 돌 벽 돌 벽 돌

벽을 쌓는 데 쓰는 네모난 돌.
 우리 집은 붉은 벽돌로 지었어.

벽돌로 쌓은 담이
벽돌담이야.

 **알고 있니?**　　**스핑크스야, 문제를 내 봐!**

　　이집트 하면 떠오르는 것 중 하나가 스핑크스예요. 스핑크스는 머리는 사람이지만 몸은 사자인 상상의 동물로, 이집트 왕의 힘을 나타내요. 이 스핑크스는 이집트의 왕궁이나 무덤에서 볼 수 있어요.

　　스핑크스는 그리스 신화에도 등장해요. 스핑크스는 지나가는 사람에게 "아침에 네 발, 낮에는 두 발, 저녁에는 세 발이 되는 것이 무엇이냐?"라는 수수께끼를 낸 뒤 못 맞히면 잡아먹었대요. 이때 오이디푸스가 나타나 "바로 사람이다. 사람은 어려서 네 발로 기다가, 커서는 두 발로 걷고, 늙어서는 지팡이를 짚으니 세 발이다."라고 수수께끼를 풀자 스핑크스는 물속에 몸을 던져 죽었다고 합니다.

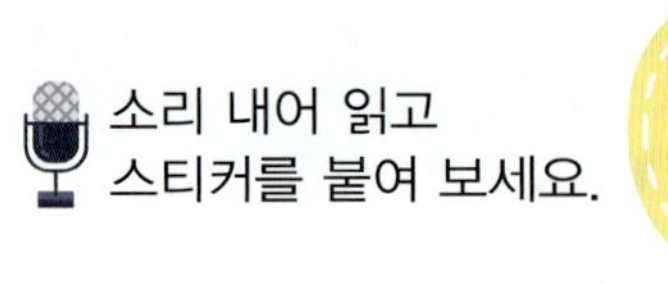

돌을 쌓아 만든 무덤, 피라미드

이집트에는 아주 높고 커다란 무덤이 있습니다. 이 무덤은 위로 올라갈수록 뾰족해져요. 많은 사람이 이 무덤을 구경하기 위해 이집트로 여행을 가기도 하지요. 이러한 무덤은 어떻게 만들어진 걸까요?

옛날 이집트 왕이었던 조세르는 죽은 뒤에도 영원히 살 수 있다고 믿었습니다. 그래서 신하들에게 말했어요.

"내가 죽은 뒤에 편안히 쉴 수 있는 튼튼한 무덤을 만들도록 하여라."

원래 이집트에서는 왕들의 무덤을 진흙 벽돌로 ㉠낮게 만들었어요. 그러나 조세르 왕의 명령을 받은 사람들은 커다란 돌들을 쌓아 올려 무덤을 크고 높게 만들었어요. 이렇게 만들어진 무덤이 바로 피라미드예요.

그런데 옛날 사람들은 어떻게 크고 무거운 돌을 옮길 수 있었을까요? 그때는 크레인 같은 기계도 없었을 텐데요. 정확히 알 수는 없다고 해요. 하지만 크고 무거운 돌 아래 둥근 나무 기둥을 여러 개 넣어서 돌을 굴렸을 거라고 해요. 조세르 왕의 무덤은 20년이나 걸려서 완성했다고 해요. 그러니 얼마나 많은 사람의 노력으로 만들어졌는지 알겠죠?

이후로도 여러 왕의 피라미드가 만들어졌어요. 그중에는 몸은 사자이지만 얼굴은 사람 모양인 스핑크스라는 조각상으로 유명한 피라미드도 있습니다.

1 이 글은 무엇에 대하여 설명하고 있는지 알맞은 말을 쓰세요.

이집트에 있는 ☐☐☐☐

2 이 글의 내용을 바르게 이해한 친구를 찾아 모두 ○표 하세요.

(   ) (   ) (   )

글의 내용 적용하기

3 글쓴이가 이 글을 쓴 까닭은 무엇이겠습니까? (   )

① 피라미드를 직접 보고 싶어서
② 이집트 왕에 대해 소개하려고
③ 피라미드 안에 무엇이 있는지 소개하려고
④ 스핑크스가 왜 만들어졌는지 알려 주려고
⑤ 피라미드가 어떻게 만들어졌는지 알려 주려고

4 ㉠'낮게'와 반대의 뜻을 가진 낱말을 이 글에서 찾아 쓰세요.

5 조세르 왕이 다음과 같이 말한 까닭은 무엇인지 알맞은 것에 ○표 하세요.

(1) 크고 무거운 돌을 사용할 곳이 필요했기 때문입니다. ( )
(2) 스핑크스를 세워 둘 넓은 장소가 필요했기 때문입니다. ( )
(3) 죽은 뒤에도 영원히 살 수 있다고 생각했기 때문입니다. ( )

6 다음 그림 중에서 스핑크스를 찾아 ○표 하세요.

(1)   (2)   (3)

( )   ( )   ( )

잘못 쓰기 쉬운 말

낱말을 쓸 때 잘못 쓰기 쉬운 낱말이 있습니다. 바르게 쓴 낱말을 잘 보고 따라 써 봅니다.

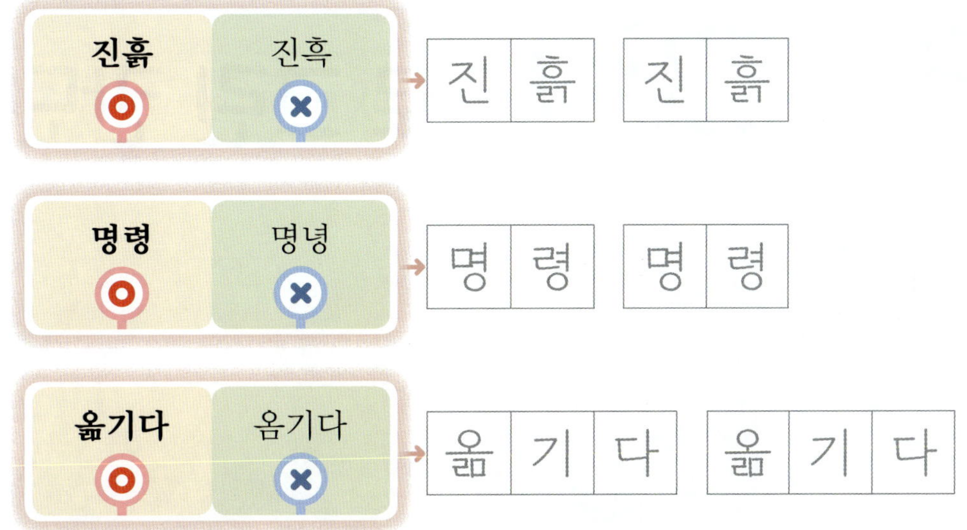

진흙 ◉ 진흑 ✕ → 진 흙 진 흙

명령 ◉ 명녕 ✕ → 명 령 명 령

옮기다 ◉ 옴기다 ✕ → 옮 기 다 옮 기 다

재미있는 속담 익히기

천 리 길도 한 걸음부터

천 리는 아주 긴 거리입니다. 그러니 천 리를 걷는 것은 엄청나게 힘든 일이겠죠. 하지만 멀다고 한 걸음도 떼지 않으면 아예 갈 수도 없습니다. 그만큼 첫걸음이 중요한 것이죠.

'천 리 길도 한 걸음부터'는 아무리 큰일이라도 작은 일부터 시작된다는 말로, 무슨 일이든지 시작을 해야 결과를 얻을 수 있다는 뜻의 속담입니다.

속담을 따라 써 봅니다.

천	리	길	도	한	걸	음	부	터

5회

잘 들으면 소리도 보여요.

소리를 그림으로 그린 칸딘스키

작업실

작 업 실   작 업 실

일을 하는 곳.
㉠ 작업실에서 그림을 그렸어!

음악

음 악   음 악   음 악

목소리나 악기로 자기의 느낌을 나타내는 것.
㉠ 음악 시간에 노래를 불렀어.

연주

연 주   연 주   연 주

악기를 다루어 소리를 들려주는 것.
㉠ 악기를 연주하고 있어!

알고 있니?   우리 서로 역할을 바꿔 볼까?

칸딘스키는 음악을 그림으로 그린 화가예요. 어쩌다 칸딘스키는 음악을 그림으로 그릴 생각을 했을까요?

칸딘스키에게는 오랜 음악가 친구가 있었는데, 둘은 음악과 그림에 대한 대화를 자주 했어요. 가끔은 서로의 역할을 바꾸어 보는 놀이도 했어요. 음악가인 친구는 그림을 그리고, 화가인 칸딘스키는 음악을 작곡한 것이지요.

그러다 칸딘스키는 음악을 그림으로 그려야겠다는 생각을 하게 되었답니다.

친구와 재미있는 역할 바꾸기 놀이를 했더니 새로운 생각이 떠올랐던 것이지요.

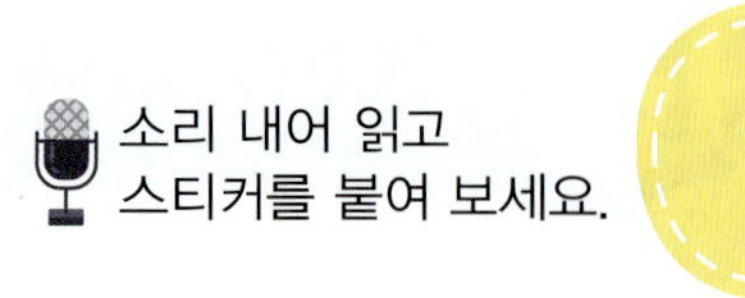

소리를 그림으로 그린 칸딘스키

어느 날, 외출에서 돌아온 화가 칸딘스키는 깜짝 놀랐어요. 자기 작업실에 낯선* 그림이 있는 거예요. 그림을 한참 들여다봐도 무엇을 그렸는지 알 수 없는 그림이었어요. 그런데 그 그림은 칸딘스키의 마음을 사로잡았어요. 한참을 들여다보던 칸딘스키는 깜짝 놀랐어요. 알고 보니 자신이 그린 그림이었던 거예요.

그림을 거꾸로 세워 두어서 낯설어 보였던 거랍니다. 그 순간 칸딘스키는 깨달았어요. 그림을 그릴 때 보여지는 사실 그대로 그리지 않아도 아름다움과 감동을 준다는 것을요.

'맞아, 음악도 아무런 설명 없이 연주만 하잖아!'

'그렇다면 음악을 그림으로 표현해 보면 어떨까?'

그래서 칸딘스키는 음악을 그림으로 표현하기로 했어요. 크고 작은 원, 높고 낮은 산 모양을 그려 음악을 표현했어요. 물결처럼 넘실대는 곡선, 길고 짧은 선으로도요. 그러자 그림에서 아름다운 음악 소리가 들리는 듯했어요.

우리도 익숙한 것을 낯설게 바라보는 눈을 가진 칸딘스키처럼 주변을 다시 한번 둘러보아요.

*낯선: 전에 본 기억이 없어 익숙하지 않은.

1 이 글의 내용으로 알맞지 <u>않은</u> 것은 무엇입니까? (   )

① 음악을 그림으로도 표현할 수 있습니다.
② 칸딘스키는 하루도 빠짐없이 외출을 합니다.
③ 낯설게 보인 그림이 칸딘스키 마음에 들었습니다.
④ 낯설게 보인 그림은 칸딘스키가 그린 그림입니다.
⑤ 외출에서 돌아왔을 때 칸딘스키는 자신이 그린 그림을 몰라봤습니다.

세부 내용 이해하기

2 거꾸로 세워 둔 자신의 그림을 알아본 후, 칸딘스키가 생각한 내용으로 알맞지 <u>않은</u> 것은 무엇입니까? (   )

① 음악을 그림으로 그릴 수도 있겠구나!
② 크고 작은 원으로 음악을 표현할 수 있어.
③ 그림을 거꾸로 보니 다른 그림처럼 보이는구나.
④ 무엇을 그렸는지 알 수 없는 그림이 가장 큰 감동을 주는 거야.
⑤ 길고 짧은 선이나 물결 같은 곡선으로도 음악을 표현할 수 있어.

글의 내용 적용하기

3 칸딘스키는 무엇을 깨달았는지 빈칸에 들어갈 알맞은 말을 이 글에서 찾아 쓰세요.

칸딘스키는 그림을 그릴 때 사실대로 그리지 않아도 그림 자체로 아름다움

과 [　][　] 을/를 준다는 것을 깨달았습니다.

4 칸딘스키의 직업은 무엇입니까? (   )

① 작가   ② 화가   ③ 음악가
④ 지휘자   ⑤ 사진사

5 칸딘스키의 그림 〈소리〉를 감상해 보세요. 그리고 자기가 느끼는 소리에 대한 느낌을 원, 선, 곡선, 삼각형, 사각형 등으로 자유롭게 그려 보세요.

〈소리〉

〈소리〉

6 스티커 칸딘스키가 춤을 추는 사람과 역할을 바꿔 보았습니다. 소리를 몸동작으로 표현하는 칸딘스키가 되어 스티커에 있는 동작을 자기의 느낌대로 붙여 보세요.

어휘 살찌우기

글자가 비슷하지만 뜻이 다른 낱말을 알아보고 따라 써 봅니다.

낯 눈, 코, 입 따위가 있는 얼굴의 바닥.

낯	낯	낯

낫 풀, 나무 등을 베는 데에 사용하는 농기구.

낫	낫	낫

낮 해가 떠서 해가 지기까지의 시간.

낮	낮	낮

재미있는 속담 익히기

낫 놓고 기역 자도 모른다

'낫 놓고 기역 자도 모른다'는 말은 'ㄱ' 자 모양으로 생긴 낫을 앞에 두고서도 쉬운 글자인 기역 자를 모를 정도로 사람이 글자를 모르거나 아주 무식하다는 뜻의 속담이에요.

속담을 따라 써 봅니다.

낫	놓	고	기	역	자	도	모	른	다

어느 수준일까요?

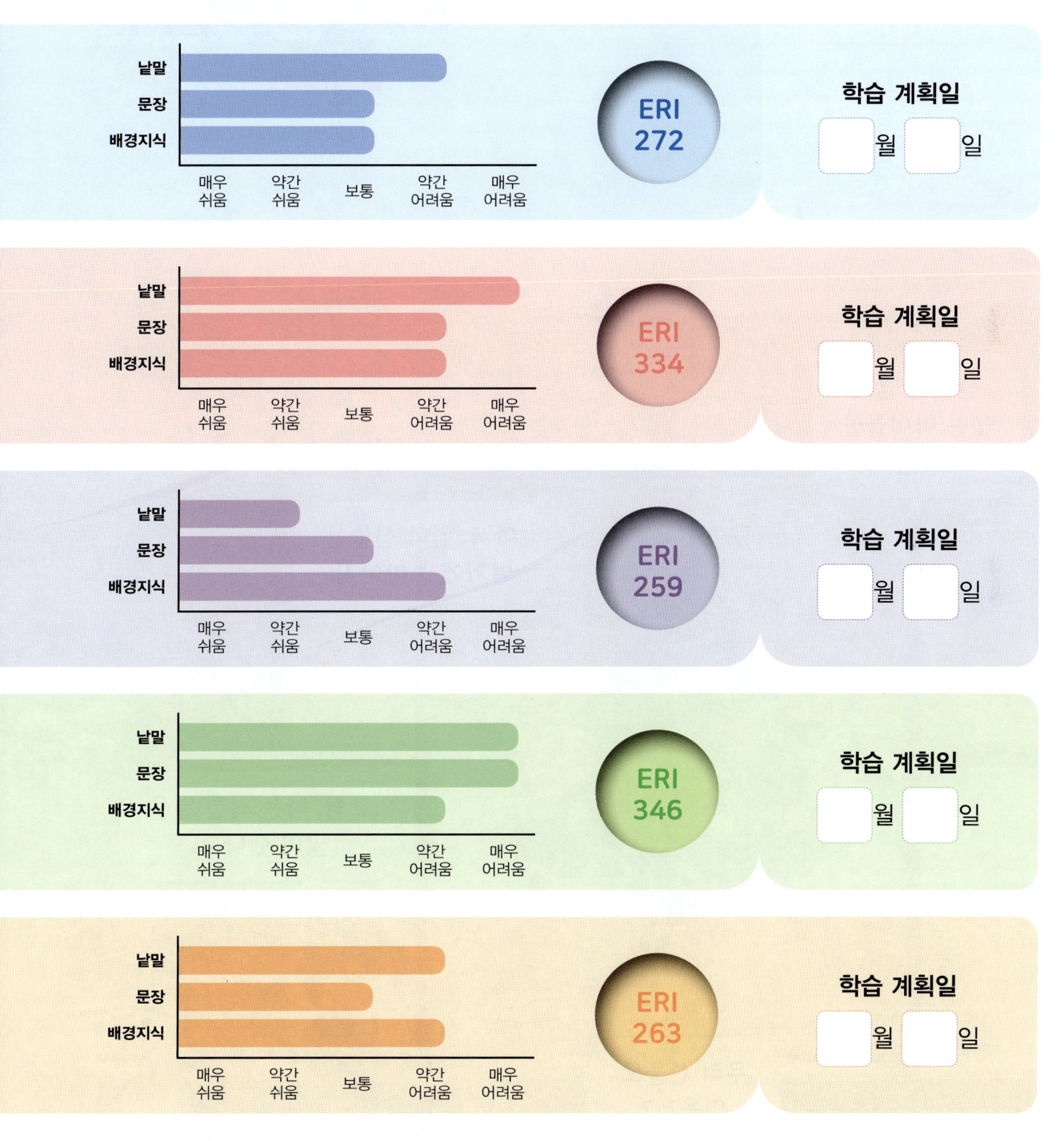
낱말
문장
배경지식
매우 쉬움
약간 쉬움
보통
약간 어려움
매우 어려움
ERI 272
학습 계획일
월 일

낱말
문장
배경지식
매우 쉬움
약간 쉬움
보통
약간 어려움
매우 어려움
ERI 334
학습 계획일
월 일

낱말
문장
배경지식
매우 쉬움
약간 쉬움
보통
약간 어려움
매우 어려움
ERI 259
학습 계획일
월 일

낱말
문장
배경지식
매우 쉬움
약간 쉬움
보통
약간 어려움
매우 어려움
ERI 346
학습 계획일
월 일

낱말
문장
배경지식
매우 쉬움
약간 쉬움
보통
약간 어려움
매우 어려움
ERI 263
학습 계획일
월 일

선물을 받으면 기분이 좋아져요.

크리스마스 선물

선물을 받고
웃는 아이들을
보고 싶어.

아빠, 엄마 선물은
여기에 놓아야지.

그럼, 나는 착한 일을
많이 했다고.

우리 선물도
있을까?

흐리게 쓴 글자는 따라 쓰세요.

시겟줄

시 겟 줄   시 겟 줄

손목에 차거나 목에 걸 수 있도록 시계에 매달아 놓은 줄.

예 할아버지께서는 가죽 시겟줄을 마음에 들어 하셨어.

시겟줄은 **시계**와 **줄**을 합한 말이야.

선물

선 물   선 물   선 물

다른 사람에게 마음을 담아 주는 물건.

예 선생님께서 사탕을 선물로 주셨어.

생일 선물은 생일에 주는 선물이야.

머리핀

머 리 핀   머 리 핀

여자의 머리에 꽂는 핀.

예 머리핀이 참 예쁘구나!

머리와 **핀**을 합쳐서 머리핀이라는 말이 만들어졌어.

 알고 있니? 산타클로스의 썰매는 누가 끌까?

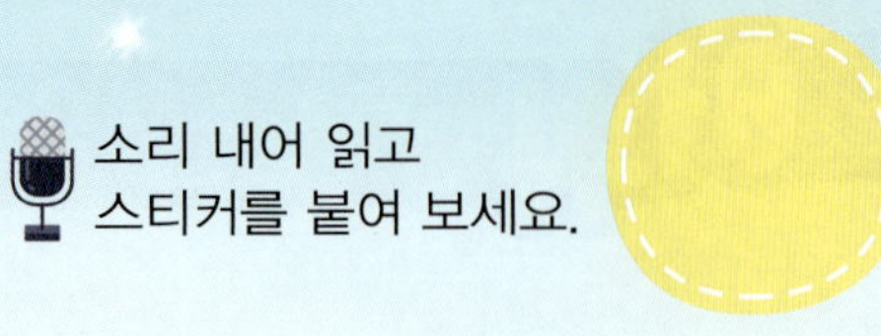

크리스마스 선물

가난하지만 행복하게 살아가는 부부가 있었답니다. 화려한 가구도 없고, 음식이 풍족하지도 않지만 언제나 따뜻한 사랑이 넘쳤어요. 이 부부에게는 작은 소원이 있었어요.

남편은 아내에게 예쁜 머리핀을 선물하고 싶었어요. 아내의 길고 아름다운 머리카락에 잘 어울릴 것 같았거든요.

아내는 남편의 손목시계에 어울릴 시곗줄을 사 주고 싶었어요. 할아버지로부터 물려받은 멋진 금시계인데 시곗줄이 낡아서 찰 수 없었거든요. 하지만 부부는 돈이 없어 항상 안타까운 마음뿐이었어요.

유난히 추운 어느 겨울이었어요. 난로를 따뜻하게 피울 형편이 안 되어 손을 호호 불며 지낼 정도였지요. 어느덧 크리스마스가 다가왔어요. 부부는 서로에게 줄 크리스마스 선물을 샀어요. 아내는 아름다운 머리카락을 잘라 팔아서 남편에게 줄 멋진 시곗줄을 샀어요. 남편은 소중한 금시계를 팔아서 아내를 위해 예쁜 머리핀을 샀어요.

서로의 선물을 확인한 부부는 감동의 눈물을 흘렸어요. 부부는 가장 소중한 선물을 주고받은 거예요. 돈을 주고도 살 수 없는 사랑의 선물 말이지요.

1 이 글의 내용으로 알맞지 <u>않은</u> 것은 무엇입니까? (   )

① 부부의 소원은 부자가 되는 것이었습니다.
② 부부는 가난했지만 따뜻한 사랑이 넘쳤습니다.
③ 부부는 서로에게 줄 크리스마스 선물을 샀습니다.
④ 부부는 서로의 크리스마스 선물에 감동받았습니다.
⑤ 부부는 난로를 피우기 어려울 정도로 가난했습니다.

2 부부가 서로에게 선물을 받고 눈물을 흘린 까닭은 무엇입니까? (   )

① 자신이 원하는 선물이 아니어서
② 난로를 피울 장작을 사지 못한 것이 속상해서
③ 남편은 멋진 금시계가 없어져서 속상한 마음에
④ 아내는 자신의 머리카락을 자른 것이 후회되어서
⑤ 소중한 사랑이 가득 담긴 선물을 받고 감동받아서

3 빈칸에 들어갈 알맞은 낱말을 이 글에서 찾아 쓰세요.

상대방에게 고마움, 축하, 사랑의 마음을 담아 전달하는 물건을 ☐☐

(이)라고 합니다.

4 감동의 크리스마스 선물을 주고받은 후 부부에게 어떤 변화가 있었을까요? 알맞은 것에 ○표 하세요.

(1) 서로에 대한 사랑이 더 커졌을 것입니다. 　　　　　　　　　　　　　　(　　)
(2) 내년 크리스마스 선물을 걱정했을 것입니다. 　　　　　　　　　　　　　(　　)

5 이 글의 부부와 밑줄 친 '나무'의 공통점으로 알맞은 것에 ○표 하세요.

소년은 매일 나무에게 와서 놀다 갔습니다. 그네를 타고, 낮잠을 자고 열매를 따 먹었습니다.
　소년은 어른이 되자 나뭇잎과 나뭇가지와 줄기까지 모두 베어 갔습니다. 그래도 나무는 소년에게 줄 수 있는 게 있어 행복했습니다.

(1) 서로를 그리워하는 마음 　　　　　　　　　　　　　　　　　　　　(　　)
(2) 아낌없이 주는 사랑의 마음 　　　　　　　　　　　　　　　　　　　(　　)

6 스티커 산타클로스의 썰매를 끌어 줄 사슴을 스티커에서 찾아 붙이고 사슴의 이름을 쓰세요.

잘못 쓰기 쉬운 말

낱말을 쓸 때 잘못 쓰기 쉬운 낱말이 있습니다. 바르게 쓴 낱말을 잘 보고 따라 써 봅니다.

외래어 익히기

크리스마스와 관련 있는 외래어를 알아보고 따라 써 봅니다.

프랑스의 황제, 나폴레옹

프랑스의 영웅, 나폴레옹은 누구인가?

여기 올라오면 파리 시가 한눈에 보여.

파리는 프랑스에 있는 도시야.

나폴레옹이 싸움에서 이긴 것을 기념해서 만든 개선문이래.

나폴레옹은 장군이었는데, 프랑스 황제까지 되었어.

사전

사 전   사 전   사 전

낱말의 뜻을 설명해 놓은 책.

(예) 아이들은 모르는 낱말을 사전에서 찾아보았다.

황제

황 제   황 제   황 제

여러 왕을 거느린 임금.

(예) 장군 나폴레옹은 드디어 황제가 되었다.

해군

해 군   해 군   해 군

바다를 지키는 군사.

(예) 우리나라 해군은 바다를 지키고 있다.

알고 있니? 나폴레옹에게 행운을 가져다준 네잎클로버

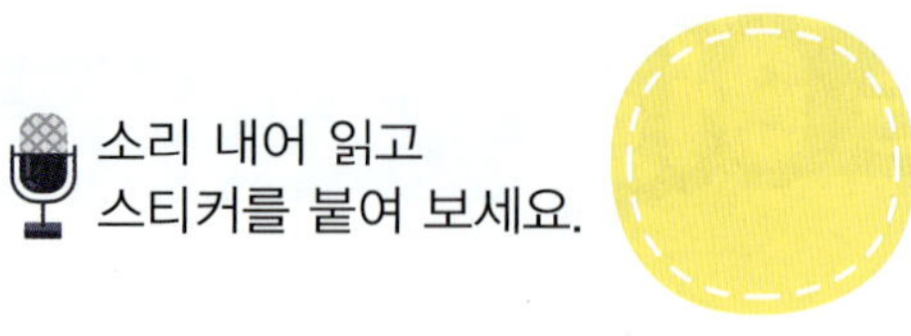

프랑스의 황제, 나폴레옹

　프랑스 군대가 이탈리아를 공격하러 가는 중이었어요. 프랑스에서 이탈리아로 가려면 험한 산을 넘어야 했어요.

　나폴레옹이 이끄는 프랑스 군사들은 반대했어요. 무기를 들고 험한 산을 넘기가 어려웠거든요. 그러나 나폴레옹은 군사들에게 말했어요.

　"내 사전에는 불가능이란 낱말은 없다."

　나폴레옹은 포기하지 말고 산을 넘자고 했어요. 마침내 프랑스 군사들은 산을 넘어 이탈리아를 공격하는 데 성공했어요.

　얼마 후, 나폴레옹은 프랑스의 황제가 되었어요. 황제가 된 나폴레옹은 이번에는 영국을 공격했어요. 영국은 섬나라이기 때문에 해군의 힘이 강했어요. 그래서 프랑스 군대는 영국 해군에게 지고 말았어요.

　화가 난 나폴레옹은 다른 나라들이 영국과 무역을 하지 못하도록 막았어요. 하지만 러시아는 나폴레옹의 말을 듣지 않았어요. 그러자 나폴레옹은 러시아를 공격했어요. 러시아는 프랑스 군대를 이기기 위한 작전을 짰지요. 미리 도시에 불을 질러서 먹을 것을 다 없애기로 하였어요. 러시아에 도착한 프랑스 군대는 먹을 것이 없어서 굶어 죽기도 하고, 추위 때문에 얼어 죽기도 했어요. 결국, 싸움에서 진 나폴레옹은 섬으로 쫓겨나고 말았어요.

1 나폴레옹이 프랑스의 황제가 된 후 일어난 일이 <u>아닌</u> 것은 무엇입니까? (   )

① 섬으로 쫓겨났습니다.
② 영국을 공격했습니다.
③ 러시아를 공격했습니다.
④ 이탈리아를 공격했습니다.
⑤ 영국과 무역을 하지 못하게 했습니다.

2 프랑스 군사들이 이탈리아 공격을 위해 산을 넘는 것을 반대한 까닭은 무엇입니까?

(   )

① 산이 너무 험해서
② 날씨가 너무 더워서
③ 집을 떠나기 싫어서
④ 산에는 먹을 것이 없어서
⑤ 산에는 무서운 짐승들이 많아서

3 마인드맵 이 글의 내용을 정리한 마인드맵입니다. 빈칸에 들어갈 알맞은 말을 쓰세요.

4 빈칸에 들어갈 말로 알맞은 것에 ◯표 하세요.

> 영국은 섬나라이기 때문에 바다를 지키는 (해군 , 육군 , 공군)의 힘이 강했습니다.

5 러시아가 프랑스 군대를 이기기 위한 작전에 이용한 것은 무엇입니까? (   )

① 물　　　　　② 불　　　　　③ 돌
④ 눈　　　　　⑤ 화약

6 아이가 발견한 것은 무엇인지 스티커에서 찾아 붙이고, 이름을 쓰세요.

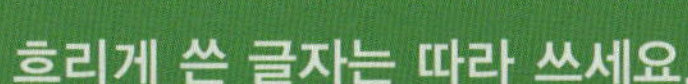 흐리게 쓴 글자는 따라 쓰세요. 

잘못 쓰기 쉬운 말

낱말을 쓸 때 잘못 쓰기 쉬운 낱말이 있습니다. 바르게 쓴 낱말을 잘 보고 따라 써 봅니다.

| 굶다 ◎ | 굼따 ✕ | → | 굶 | 다 | 굶 | 다 |

| 없애다 ◎ | 업쌔다 ✕ | → | 없 | 애 | 다 | 없 | 애 | 다 |

| 쫓겨나다 ◎ | 쫃껴나다 ✕ | → | 쫓 | 겨 | 나 | 다 | 쫓 | 겨 | 나 | 다 |

재미있는 속담 익히기

자기 꾀에 자기가 넘어간다

소금을 싣고 가던 당나귀가 시냇물에 빠졌어요. 그러자 소금이 물에 녹아 짐이 가벼워졌지요.

다음 날 솜을 싣고 가던 당나귀가 일부러 시냇물에 빠졌어요. 그런데 이번에는 솜이 물에 젖어서 짐이 무거워졌어요.

이처럼 '자기 꾀에 자기가 넘어간다'라는 말은 자기의 잘못은 결국 자신에게 되돌아온다는 뜻으로 쓰입니다.

속담을 따라 써 봅니다.

| 자 | 기 | | 꾀 | 에 | | 자 | 기 | 가 | | 넘 | 어 | 간 | 다 |

비누로 깨끗이

비누야, 더러운 것을 모두 가져가.
비누를 넣고 발로 밟으면서 빨면 깨끗해지지.
재미있어요. 비누 거품도 많이 나고요.
비누로 털을 깨끗이 씻겨 주자.
이 녀석, 너무 더러워.

HAPPY

흐리게 쓴 글자는 따라 쓰세요.

비누

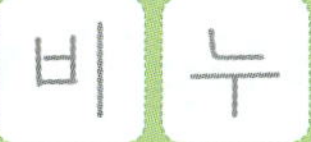 비 누 비 누 비 누

때를 씻어 낼 때 쓰는 물건.
예 비누로 얼굴을 깨끗이 씻어야지.

빨래

빨 래 빨 래 빨 래

더러운 옷을 물에 빠는 일.
예 엄마가 빨래를 하신다.

거품

거 품 거 품 거 품

액체가 공기를 머금고 부풀어서 생긴 속이
빈 방울.
예 비누 거품이 많이 생겼다.

? 알고 있니?　생명을 살린 비누

　사람들이 비누를 사용하기 시작한지는 정말 오래되었어요. 고기를 불로 구워 먹으면서 고기의 기름과 재가 섞였어요.* 그런데 기름과 재를 섞은 물에 빨래를 하면 때가 잘 빠진다는 것을 알게 되었어요. 이게 바로 비누의 시작이었지요.

　시간이 흘러 사람들은 올리브나 천연 소다로 하얀 비누를 만들었어요. 하지만 이때에는 비누가 비싸고, 구하기 어려웠어요. 그래서 오랜 노력 끝에 과학자들이 비누를 쉽게 만드는 방법을 알아냈어요. 이제 비누를 누구나 쓸 수 있게 된 거예요. 이렇게 누구나 비누로 깨끗이 씻을 수 있게 되면서 병에 걸리는 일이 줄어들었어요. 비누 덕분에 여러 병으로부터 많은 사람의 생명을 구할 수 있었던 거예요.

*재: 불에 타고 남은 가루 모양의 것.

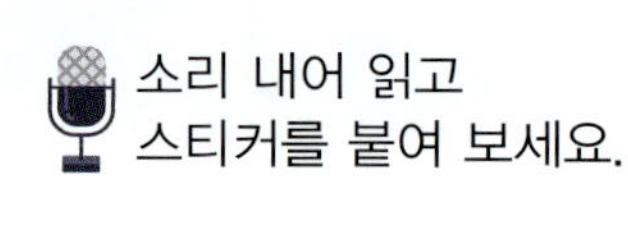

비누로 깨끗이

"엄마, 새 옷에 흙탕물*이 묻었어요."

집에 들어오며 다현이가 엄마께 말씀드렸어요.

"새 옷인데 속상했겠다."

"네. 그런데 빨래하면 깨끗해질까요?"

"응, 걱정하지 마. 바로 빨래하면 깨끗해질 거야."

엄마는 비누 거품을 낸 물에 다현이가 벗은 옷을

넣고 빨래를 하셨어요.

잠시 뒤, 엄마는 깨끗해진 옷을 가지고 오셨어요.

"엄마, 흙탕물이 모두 빠졌어요!"

다현이가 신이 난 목소리로 말했어요.

"비누로 빨면 깨끗해지지."

"비누로 빨면 어떻게 깨끗해져요?"

엄마는 깨끗한 옷을 빨랫줄에 널며 대답해 주셨어요.

"비누 거품의 한쪽은 때에* 꼭 붙을 수 있거든. 그리고 다른 한쪽은 물에

붙어. 비누 거품이 옷에 있던 때를 둘러싸서 물속으로 빠지게 하는 거지."

"엄마, 신기해요."

다현이는 웃으며 말했어요.

"그래서 손을 씻을 때도 비누 거품을 내어 씻어야 해."

"엄마, 이제부터 저도 비누로 손을 깨끗이 씻을게요."

*흙탕물: 흙이 풀리어 몹시 흐려진 물.

*때: 옷이나 몸 따위에 묻은 더러운 먼지 따위.

1 이 글의 내용으로 알맞지 <u>않은</u> 것은 무엇입니까? (　　　)

① 빨래한 뒤 흙탕물이 모두 빠졌습니다.
② 다현이의 새 옷에 흙탕물이 묻었습니다.
③ 다현이는 깨끗한 옷을 빨랫줄에 널었습니다.
④ 엄마는 비누 거품을 낸 물에 빨래를 하셨습니다.
⑤ 엄마는 다현이의 더러워진 옷을 바로 빨래하셨습니다.

세부 내용 이해하기

2 새 옷에 흙탕물이 묻었을 때 다현이의 마음은 어떠했습니까? (　　　)

① 무서웠습니다.
② 신기했습니다.
③ 속상했습니다.
④ 신이 났습니다.
⑤ 기분이 좋았습니다.

세부 내용 이해하기

3 비누 거품은 어떻게 때를 뺄 수 있는 것입니까? (　　　)

① 비누 거품이 때를 가루로 만듭니다.
② 비누 거품이 때 속으로 들어갑니다.
③ 비누 거품이 때를 녹여 사라지게 합니다.
④ 비누 거품이 때가 묻은 곳을 하얗게 색칠합니다.
⑤ 비누 거품이 때를 둘러싸서 물속으로 빠지게 합니다.

4 비누로 빨면 깨끗해진다는 엄마의 설명을 듣고 다현이가 결심한 것은 무엇입니까?

(   )

① 이를 깨끗이 닦겠습니다.
② 빨래를 잘 말리겠습니다.
③ 비누를 아껴 쓰겠습니다.
④ 흙탕물이 있는 곳에 가지 않겠습니다.
⑤ 손을 씻을 때도 비누로 깨끗이 씻겠습니다.

5 빈칸에 들어갈 알맞은 낱말을 보기 에서 찾아 쓰세요.

보기

• 청소   • 빨래   • 세수

나는 더러워진 운동복을 세탁기에 넣어 ☐☐ 를 했습니다.

6 다음 그림을 보고 어떤 비누가 쓰일지 보기 에서 찾아 쓰세요.

보기

• 빨랫비누   • 세숫비누

☐☐☐☐   ☐☐☐☐

어휘 살찌우기

'묻다'는 글자는 같은데 뜻이 다른 낱말로 쓰입니다. 낱말의 뜻을 알아보고 따라 써 봅니다.

묻다 무엇에 들러 붙다.

| 먼 | 지 | 가 | | 묻 | 다 | . | |

묻다 모르는 것을 알려 달라고 하다.

| 길 | 을 | | 묻 | 다 | . | |

묻다 넣어서 안 보이게 하다.

| 항 | 아 | 리 | 를 | | 묻 | 다 | . |

재미있는 속담 익히기

옷이 날개다

"옷이 날개라더니, 너 오늘 그렇게 입으니까 너무 멋지다!"라는 말 들어 보았나요? '옷이 날개다'라는 말은 입은 옷이 좋으면 사람이 달라 보인다는 뜻이에요. 이때 좋은 옷이라고 해서 반드시 새 옷이거나 비싼 옷을 말하는 건 아니에요. 깨끗하게 손질해서 때와 장소에 맞게 입은 옷을 말하는 거예요.

속담을 따라 써 봅니다.

| 옷 | 이 | | 날 | 개 | 다 | | | | | |

축구할 때도 신호등이 있어요

그림으로 배우는  어휘

흐리게 쓴 글자는 따라 쓰세요.

규칙

규 칙 규 칙 규 칙

여러 사람이 다 같이 지키기로 정한 약속.

예) 지키기로 약속한 규칙은 잘 지켜야 해.

벌을 정해 놓은 규칙을
벌칙이라고 해.

심판

심 판 심 판 심 판

규칙에 알맞은 행동인지 등을 가려 내는 사람.

예) 경기를 할 때에는 심판의 판정에 따라야 해.

심판이 내리는 결정을
판정이라고 해.

퇴장

퇴 장 퇴 장 퇴 장

어떤 장소에서 나감. 또는 쫓겨남.

예) 반칙을 한 선수가 퇴장당했다.

퇴장의 반대말은
입장이야.

❓ 알고 있니? 누가 축구에 대해 많이 알까?

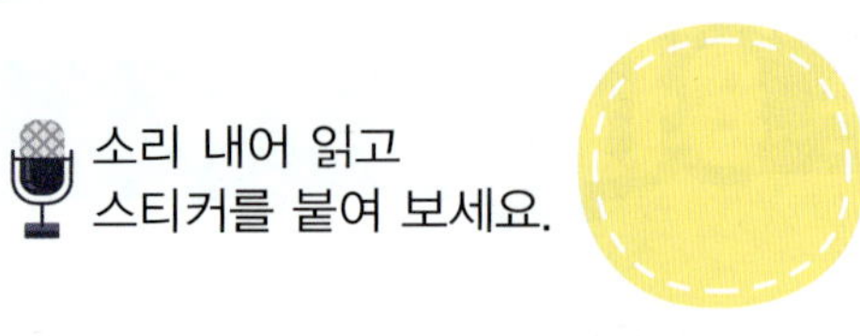

축구할 때도 신호등이 있어요

축구 시합을 본 적이 있나요? 축구를 할 때면 선수들끼리 몸이 부딪히는 일이 많아요. 상대방 선수를 밀치거나 옷을 잡아당겨 넘어뜨리기도 해요. 이런 행동은 규칙에 어긋나지요. 이런 행동을 한 선수에게 심판은 노란색 카드를 내밀어요. '주의'하라는 뜻이지요. 상대 선수를 때리거나, 심한 행동을 하면 빨간색 카드를 들어 보여요. 빨간색 카드를 받으면 바로 퇴장이에요. 이때 노란색 카드를 '옐로카드', 빨간색 카드를 '레드카드'라고 합니다.

이렇게 큰 힘이 있는 옐로카드와 레드카드는 누가 생각해 냈을까요?

이 카드는 한 축구 심판이 생각해 낸 거래요. 영국에서 학생을 가르치던 케네스 조지 아스톤은 1962년 칠레 월드컵에서 심판을 맡았어요. 그런데 경기 때마다 선수들이 규칙을 어기고 심하게 싸워서 무척 괴로웠대요.

어느 날, 자동차를 몰고 가던 아스톤은 신호등*의 불빛을 보고 깨달았어요.

'아, 신호등처럼 하면 되겠군!'

신호등의 노란불은 조심하라는 뜻이고, 빨간불은 멈추라는 뜻이 있어요. 여러분도 모두 알고 있지요? 그래서 축구 경기에서 노란색 카드는 '주의'를, 빨간색 카드는 '퇴장'을 표시하게 되었답니다.

옐로카드와 레드카드는 이렇게 해서 축구 경기장의 신호등이 된 거지요.

*신호등: 건널목, 횡단보도에서 자동차나 사람의 통행을 지시하는 전기 불빛 장치.

1 이 글의 내용으로 알맞지 <u>않은</u> 것은 무엇입니까? (　　　　　)

① 축구 경기를 할 때에는 규칙을 잘 지켜야 합니다.
② 경기 중에 옐로카드를 받으면 퇴장을 당하게 됩니다.
③ 축구 경기에서는 선수들끼리 몸이 부딪히는 일이 많습니다.
④ 노란색 카드는 옐로카드, 빨간색 카드는 레드카드라고 부릅니다.
⑤ 옐로카드와 레드카드는 신호등 불빛을 보고 생각해 낸 것입니다.

2 다음 그림을 보고, 축구 경기에서 옐로카드를 주어야 하는 행동에 ○표 하세요.

(1)　(　　　　　)　　(2)　(　　　　　)　　(3)　(　　　　　)

3 마인드맵 이 글의 내용을 정리한 마인드맵입니다. 빈칸에 들어갈 알맞은 말을 쓰세요.

4 다음에서 설명하는 낱말은 무엇인지 이 글에서 찾아 쓰세요.

> 건널목, 횡단보도에서 자동차나 사람의 통행을 지시하는 전기 불빛 장치.

5 다음에서 설명하는 대회는 무엇인지 쓰세요.

> • 4년마다 열리는 세계적인 스포츠 대회입니다.
> • 세계에서 가장 규모가 큰 국제 축구 대회입니다.

6 **스티커** 축구에 대한 설명이 맞는 수만큼 골대 안에 축구공을 붙이고, 몇 골을 넣었는지 숫자를 쓰세요.

어휘
살찌우기

공을 가지고 하는 경기는 무엇이 있는지 알아보고 따라 써 봅니다.

축구 공을 발로 차며 상대편 골대에 넣는 경기.

축	구	축	구

야구 작은 공을 던지면 방망이로 공을 받아치는 경기.

야	구	야	구

농구 작은 고리 모양의 링 안으로 공을 넣는 경기.

농	구	농	구

배구 손으로 공을 주고받으면서 상대편으로 넘기는 경기.

배	구	배	구

재미있는
속담
익히기

하늘은 스스로 돕는 자를 돕는다

'하늘은 스스로 돕는 자를 돕는다'라는 말은 하늘은 스스로 노력하는 사람을 도와 성공하게 만든다는 뜻이에요. 스스로 돕는다는 것은 스스로 노력한다는 뜻인데요, 어떤 일을 이루기 위해서는 무엇보다 자신의 의지와 노력이 중요하겠죠?

속담을 따라 써 봅니다.

하	늘	은		스	스	로		돕	는		자	를
돕	는	다										

평화를 사랑하는 동그라미

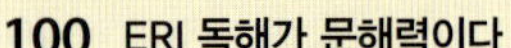

도형

도 형   도 형   도 형

그림의 모양이나 형태.

(예) 모양이 다 다르게 생긴 도형이 있구나!

평화

평 화   평 화   평 화

다툼이 없는 상태.

(예) 전쟁은 싫어! 지구의 평화를 지키자!

배려

배 려   배 려   배 려

도와주거나 보살펴 주는 마음.

(예) 서로 배려하는 마음을 가져야 해!

알고 있니?   도형을 만들어 볼까?

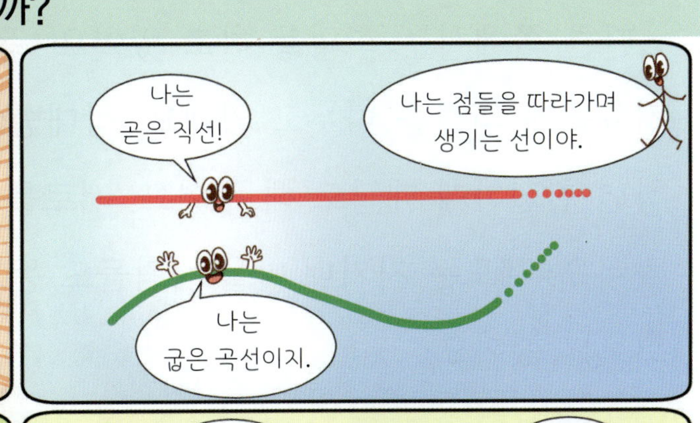

평화를 사랑하는 동그라미

도형 나라에는 ㉠동그라미, 세모, 네모 등 여러 도형들이 살고 있어요. 그중 동그라미들이 사는 마을이 가장 평화로운 곳으로 알려져 있어요.

동그라미 마을에 ㉡세모가 놀러 왔어요. 얼마나 평화롭게 사는지 보고 싶었거든요. 세모가 처음 본 동그라미들은 노래를 부르며 춤을 추고 있었어요.

"㉢둥글게 둥글게, 둥글게 둥글게, 빙글빙글 돌아가며 춤을 춥시다."

서로 손을 맞잡고 동그란 ㉣원을 그리며 춤을 추어요. 얼마나 즐거운지 웃음소리가 멈추질 않아요.

저쪽에 과수원이 있네요.

"맛있는 사과 좀 드세요."

과수원에 있던 동그라미가 세모에게 맛있게 생긴 빨간 ㉤사과를 주었어요. 먹어 보니 달콤한 맛이 났어요. 동그라미 마을 사람들의 아낌없이 나누어 주는 따뜻한 마음이 느껴졌어요.

다른 쪽에서는 회의를 하고 있어요. 동그라미들이 동그란 탁자에 앉아서 자유롭게 의견을 나누고 있네요. 상대방이 하는 말을 잘 들어 주고, 질문을 하면 친절하게 대답도 해 주어요. 서로를 이해하고 배려하는 모습이 보기 좋았어요. 세모는 자기네 마을 사람들도 동그라미들처럼 평화롭게 살면 좋겠다고 생각했어요.

1 이 글의 내용으로 알맞지 <u>않은</u> 것은 무엇입니까? (   )

① 세모는 동그라미 마을에 놀러 왔습니다.
② 도형 나라에는 동그라미들만 살고 있습니다.
③ 가장 평화로운 마을은 동그라미들이 사는 곳입니다.
④ 동그라미 마을에서는 웃음소리가 멈추질 않았습니다.
⑤ 세모는 동그라미들이 평화롭게 사는 것을 보았습니다.

2 동그라미 마을이 평화로운 까닭으로 알맞지 <u>않은</u> 것은 무엇입니까? (   )

① 서로를 이해하고 배려하기 때문입니다.
② 서로 즐겁게 노래와 춤을 추기 때문입니다.
③ 상대방이 말을 할 때는 잘 들어 주기 때문입니다.
④ 과수원의 동그라미들은 사과만 좋아하기 때문입니다.
⑤ 누군가 질문을 하면 친절하게 설명해 주기 때문입니다.

3 ㉠~㉤ 중에서 동그란 모양과 <u>관계없는</u> 것은 무엇입니까? (   )

① ㉠   ② ㉡   ③ ㉢   ④ ㉣   ⑤ ㉤

4 밑줄 친 부분과 바꾸어 쓸 수 있는 말을 보기 에서 찾아 쓰세요.

보기
- 평화롭게
- 배려하며

(1) 동그라미들은 다투거나 싸우지 않고 이해하며 지냅니다.

(2) 동그라미들은 서로 도와주고 보살펴 주며 지냅니다.

 배경지식 활용하여 추론하기

5 스티커 벌집에 꿀을 가득 채워 주세요. 삼각형 모양(△)의 꿀, 사각형 모양(▱)의 꿀을 스티커에서 찾아 붙여 보세요.

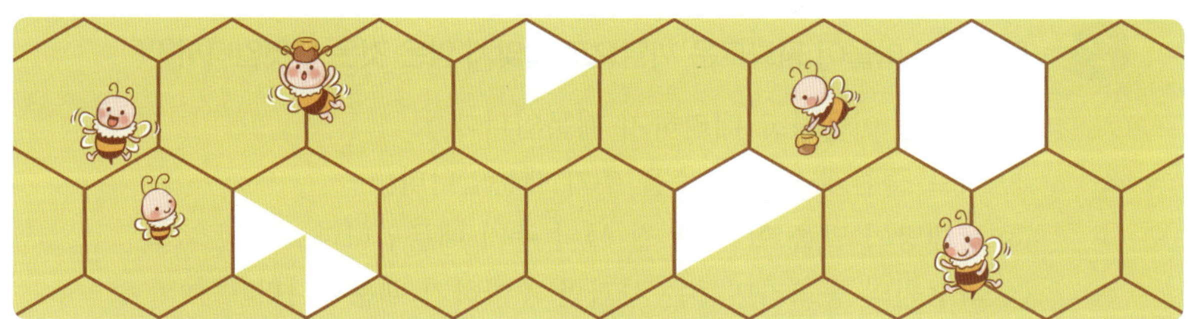

 내용 이해하고 활동하기

6 스티커 토끼네 집에 있는 물건 중 시간을 알려 주는 동그라미 모양의 물건이 가려져 있습니다. 이 물건은 무엇인지 스티커에서 찾아 붙이고, 물건의 이름을 쓰세요.

잘못 쓰기 쉬운 말

낱말을 쓸 때 잘못 쓰기 쉬운 낱말이 있습니다. 바르게 쓴 낱말을 잘 보고 따라 써 봅니다.

한자어

한자어를 소리 내어 읽고, 따라 써 봅니다.

어느 수준일까요?

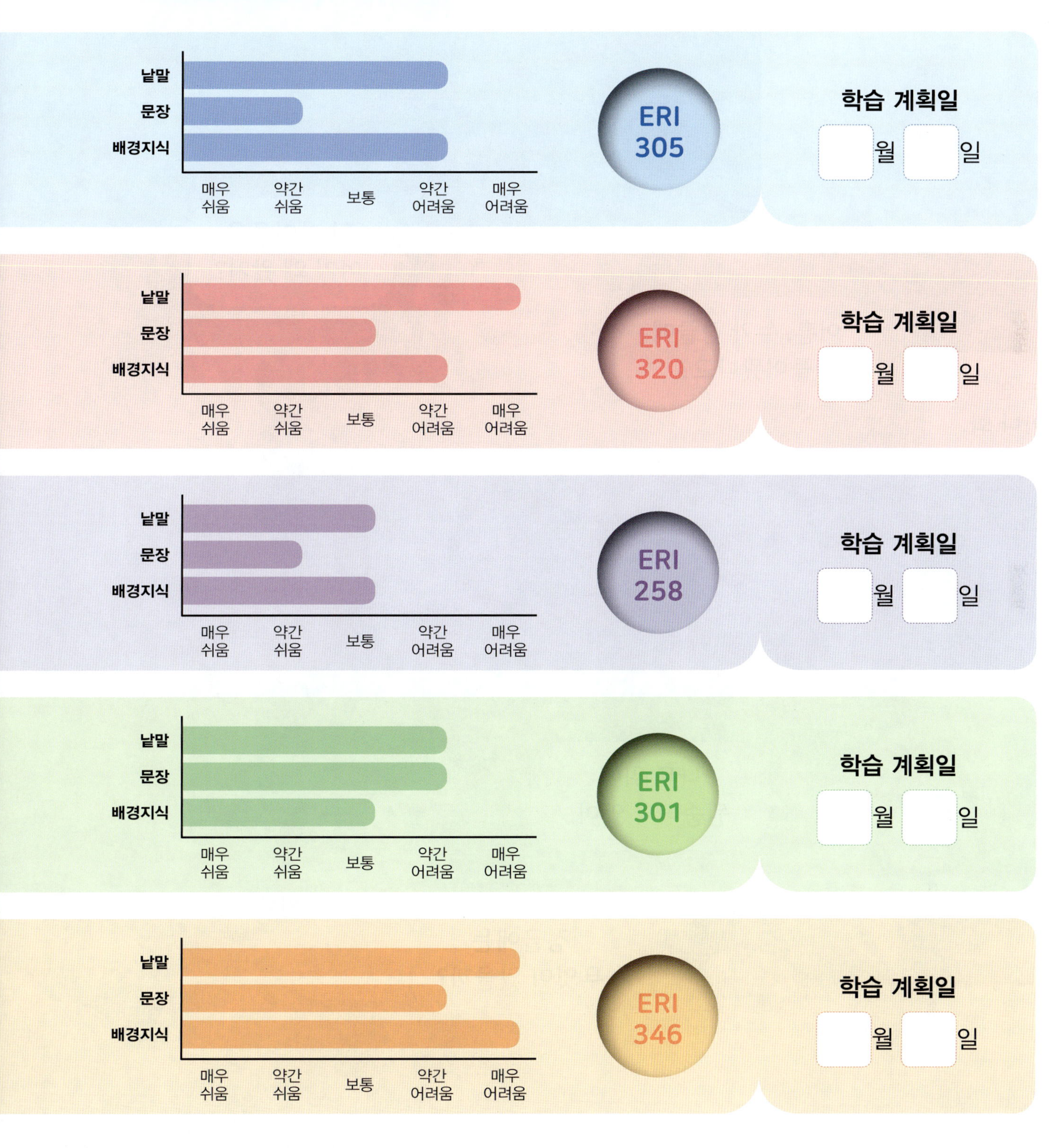
낱말
문장
배경지식
매우 쉬움
약간 쉬움
보통
약간 어려움
매우 어려움
ERI 305
학습 계획일
월 일

낱말
문장
배경지식
매우 쉬움
약간 쉬움
보통
약간 어려움
매우 어려움
ERI 320
학습 계획일
월 일

낱말
문장
배경지식
매우 쉬움
약간 쉬움
보통
약간 어려움
매우 어려움
ERI 258
학습 계획일
월 일

낱말
문장
배경지식
매우 쉬움
약간 쉬움
보통
약간 어려움
매우 어려움
ERI 301
학습 계획일
월 일

낱말
문장
배경지식
매우 쉬움
약간 쉬움
보통
약간 어려움
매우 어려움
ERI 346
학습 계획일
월 일

정글에서 자란 아이

너희도 정글이 궁금하지?
저 아이들은 여기 왜 왔지?
어흥, 누가 정글에 들어왔다고?
나는 잘 안 보이나 봐.
나무 위에 원숭이가 있어.
정글에는 무엇이 있을까?

흐리게 쓴 글자는 따라 쓰세요.

정글

 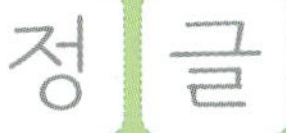 

큰 나무들이 빽빽하게 들어선 깊은 숲.
 아프리카 정글에는 다양한 동물들이 산다.

정글과 비슷한 말로
밀림이 있어.

부부

  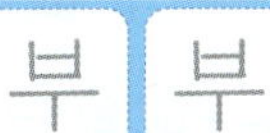

남편과 아내.
 우리는 결혼 후 부부가 되었다.

사이좋은 부부를
잉꼬부부라고 해.

마을

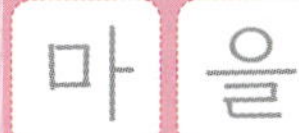 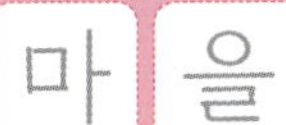 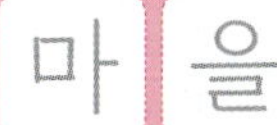

여러 집이 모여 사는 곳.
 마을 회관에서 잔치가 열렸다.

마을과 비슷한 말은
동네야.

알고 있니? 다양한 동물과 식물이 사는 정글

　정글은 아주 덥고 비가 많이 오는 지역에 있는 숲을 말해요. 그곳에는 많은 동물과 식물들이 살고 있지요. 정글 안에는 다양한 생물들이 살고 있어요. 온순한 동물도 있지만 사납고 무서운 동물도 있고, 아주 작은 곤충도 있지만 커다란 곤충도 있어요. 다양한 식물이 사는 곳이기 때문에 지구에 필요한 산소도 만들어 낸답니다.
　하지만 지구의 환경이 나빠지면서 정글의 면적도 줄어들고, 정글에 사는 생물의 수도 줄어들고 있어요.

정글에서 자란 아이

동물들이 모여 있는 정글로 한 아기가 엉금엉금 기어 왔어요. 그러고는 늑대 굴로 들어갔어요. 늑대 부부는 그 아기를 살펴보았어요.

"털이 없어 꼭 개구리같이 생겼네. 모글리라고 불러야겠어."

늑대 부부의 보살핌 속에서 모글리는 무럭무럭 자랐어요.

검은 표범 바기라와 느림보 곰 발루가 동물들의 말도 가르쳐 주었지요.

어느 날, 못된 호랑이 시어칸이 다른 늑대들에게 말했어요.

"모글리는 사람이야. 없애지 않으면 언젠간 우릴 해칠 거라고!"

늑대들과 시어칸은 모글리를 공격했어요.

그런데 때마침 벼락이 떨어져 나뭇가지에 불이 붙었지요.

모글리가 불을 휘두르자 모두들 겁을 먹고 달아났어요.

이 일이 있은 뒤, 늑대 부부는 모글리가 위험한 정글에서 살 수 없을 거라고 생각했어요.

"모글리, 이제 그만 정글을 떠나 마을로 가렴."

늑대 부부의 말에 모글리는 슬펐어요.

㉠"왜 날 정글에서 쫓아내려는 거예요?"

"우린 여전히 널 사랑해. 하지만 여긴 너에게 너무 위험해."

모글리는 어쩔 수 없이 작별 인사를 하고 마을로 향했지요.

1 이 글의 내용으로 알맞지 <u>않은</u> 것은 무엇입니까? (　　　)

① 아이가 기어서 들어간 곳은 늑대 굴입니다.

② 시어칸은 다른 늑대들을 꾀어 모글리를 공격했습니다.

③ 늑대 부부는 아이에게 모글리라는 이름을 지어 주었습니다.

④ 모글리에게 동물들의 말을 가르쳐 준 건 바기라와 발루였습니다.

⑤ 늑대 부부는 모글리가 버릇없는 행동을 해서 정글에서 쫓아냈습니다.

2 빈칸에 들어갈 알맞은 말을 이 글에서 찾아 쓰세요.

> 모글리를 처음 본 늑대 부부는 ⬚ 이/가 없는 개구리처럼 생겼다고 생각
> 했습니다.

3 빈칸에 들어갈 말로 가장 알맞은 것은 무엇입니까? (　　　)

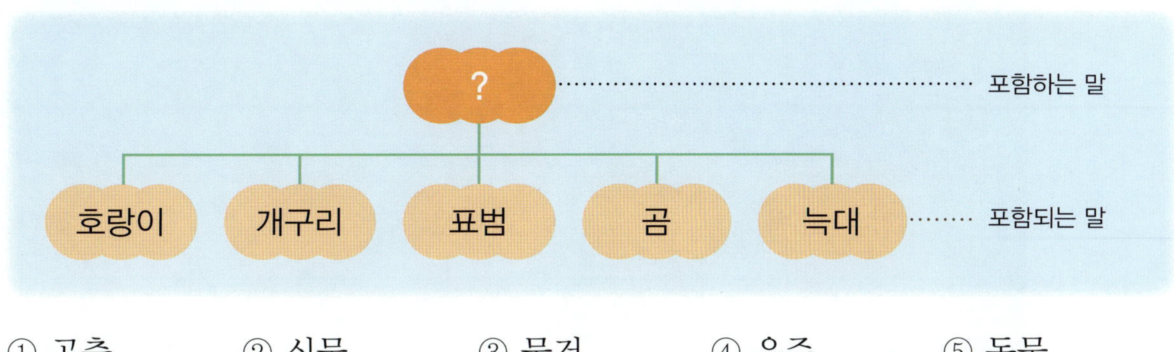

① 곤충　　　② 식물　　　③ 물건　　　④ 우주　　　⑤ 동물

4 빈칸에 들어갈 알맞은 말을 이 글에서 찾아 쓰세요.

모글리를 공격하던 늑대들과 호랑이 시어칸은 모글리가 □ 을/를 휘두르자 겁을 먹고 달아났습니다.

5 ㉠에서 짐작할 수 있는 모글리의 마음으로 알맞은 것에 ○표 하세요.

(   )   (   )   (   )

6 **스티커** 모글리가 지내던 정글에 사는 동물들을 스티커에서 찾아 붙이고, 이름을 쓰세요.

어휘 살찌우기

낱말 '불'과 합쳐져 만들어진 새로운 낱말을 알아보고 따라 써 봅니다.

| 불 | — | 빛 | = | 불빛 | 불 빛 |

| 불 | — | 조심 | = | 불조심 | 불 조 심 |

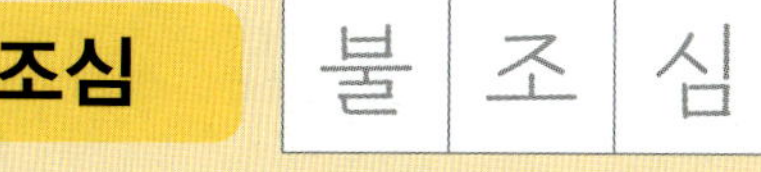

| 불 | — | 장난 | = | 불장난 | 불 장 난 |

| 불 | — | 자동차 | = | 불자동차 | 불 자 동 차 |

흉내 내는 말 익히기

모양을 흉내 내는 낱말을 알아보고 따라 써 봅니다.

엉금엉금 느리게 기거나 걷는 모양.

엉 금 엉 금　엉 금 엉 금

살금살금 남이 모르게 가만히 움직이는 모양.

살 금 살 금　살 금 살 금

무럭무럭 힘차게 잘 자라는 모양.

무 럭 무 럭　무 럭 무 럭

모락모락 연기 등이 조금씩 피어오르는 모양.

모 락 모 락　모 락 모 락

다른 나라에 물건을 팔아요

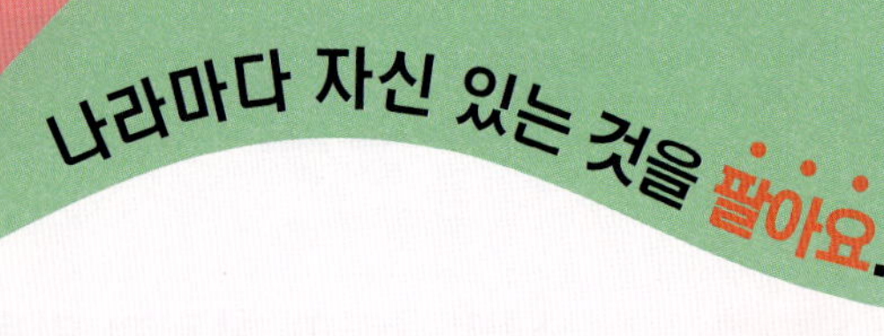

흐리게 쓴 글자는 따라 쓰세요.

무역

무 역　무 역　무 역

서로 다른 나라들끼리 물건을 사고파는 것.
예 우리나라는 미국과 무역을 많이 해.

기술

기 술　기 술　기 술

물건을 잘 만들거나 다룰 수 있는 솜씨.
예 우리나라는 휴대폰 만드는 기술이 뛰어나다.

석유

석 유　석 유　석 유

땅속에서 자연적으로 나는 기름.
예 우리나라에서도 석유가 많이 나오면 좋겠다.

알고 있니?　문화도 다른 나라에 팔아요!

　사람들은 필요한 것을 서로 사고팔아요. 나라와 나라 사이에서도 서로 필요한 물건들을 사고팝니다. 자동차, 휴대폰, 쌀, 과일 등 눈에 보이고 손에 잡히는 물건만 수출하는 것은 아니에요.

　노래나 영화, 드라마 들도 다른 나라에 수출을 해요. 그래서 외국에서 인기를 얻고 있는 가수나 노래도 많이 있고, 세계 사

람들에게 재미와 감동을 주어 상을 받은 드라마나 영화도 많이 있어요. 이런 문화 수출로 돈을 많이 벌기도 하지만, 세계에 우리나라를 알리는 좋은 기회이기도 하답니다.

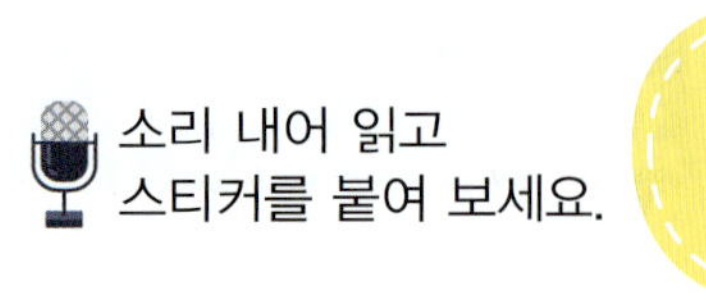

다른 나라에 물건을 팔아요

나라와 나라 사이에 물건을 사고파는 일을 무역이라고 해요. 이때 우리나라가 다른 나라에서 물건을 사 오는 것을 **수입**한다고 해요. 그리고 우리나라가 다른 나라에 물건을 파는 것을 **수출**한다고 해요.

이렇게 나라와 나라 사이에 무역을 하는 이유는 무엇일까요?

나라마다 물건을 만드는 **재료**가 많이 나는 곳도 있고, 전혀 나지 않는 곳도 있어요. 또 물건을 만드는 기술도 나라마다 **차이**가 나지요. 그래서 나라 사이에는 서로 필요한 물건을 사고파는 무역이 이루어지는 거예요.

예를 들어, 우리나라는 석유가 **부족**해요. 그래서 우리나라는 석유가 많이 나는 다른 나라에서 석유를 사 오고 있어요. 그 대신 우리나라는 휴대폰을 만드는 기술이 뛰어나니까 휴대폰을 만들어 다른 나라에 팔고 있지요.

이렇게 나라와 나라는 서로 필요한 물건을 얻기 위해 다른 나라와 무역을 하는 거예요.

1 나라와 나라 사이에 물건을 사고파는 일을 무엇이라고 하는지 이 글에서 찾아 쓰세요.

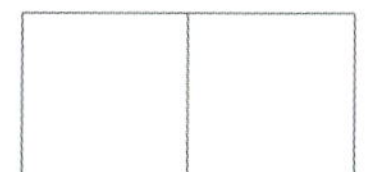

2 이 글을 읽고 나라와 나라 사이에 무역이 이루어지는 까닭을 바르게 말한 친구에 모두 ○표 하세요.

(1)

(2)

(3)

(   )   (   )   (   )

3 마인드맵 이 글의 내용을 정리한 마인드맵입니다. 빈칸에 들어갈 알맞은 말을 쓰세요.

4 빈칸에 들어갈 알맞은 말을 이 글에서 찾아 쓰세요.

> 무역을 하면 나라와 나라는 서로 ☐☐☐ 물건을 얻을 수 있어서 좋습니다.

5 우리나라가 수입하는 물건과 수출하는 물건은 무엇이 있다고 하였는지 줄(–)로 이으세요.

(1) 수입 •

(2) 수출 •

• ㉠ 휴대폰

• ㉡ 석유

6 스티커

곰은 호랑이에게 무엇을 팔고 무엇을 사 오면 좋을까요? 스티커에서 찾아 붙이고, 물건의 이름을 쓰세요.

곰은 호랑이에게 ☐ 을/를 팔고, ☐☐ 을/를 사 와요.

헷갈리는 말

헷갈리기 쉬운 낱말의 정확한 뜻을 알아보고 바르게 따라 써 봅니다.

한자어

한자어를 소리 내어 읽고 따라 써 봅니다.

물 건

만물 물 物 + 사건 건 件

일정한 모양이 있는 모든 것.

物 件
만물 물 사건 건

물품

物 品
만물 물 물건 품

쓸만한 가치가 있는 물건.

사건

事 件
일 사 사건 건

문제를 일으키거나 관심받는 일.

주어진 환경에 맞춰 살아가요.

북극여우와 사막여우

여기서 지키고 있다가 물범이 나오면 잡자.
북극곰이 사냥하는 걸 기다리자.
엄마, 저기 북극여우가 있어요.
먹을 것이 없네. 아이, 배고파.

나는 몸의 더운 열을 귀로 내보내.

사막여우야, 너는 덥지 않니?
아이, 더워. 발을 바꾸자.

그림으로 배우는 어휘

흐리게 쓴 글자는 따라 쓰세요.

주둥이

주 둥 이   주 둥 이

짐승이나 물고기의 머리에서 뾰족하게 나온
코나 입 주위의 부분.
예 여우의 주둥이는 병 속에 들어가지 않았다.

새의 주둥이는
부리라고 해.

북극

북 극   북 극   북 극

나침반이 가리키는 지구의 가장 북쪽이 되는 곳.
예 사람들은 지구 북쪽 끝으로 북극 탐험을 떠납니다.

지구의 남쪽 끝은
남극이라고 해.

사막

사 막   사 막   사 막

비가 거의 오지 않아 식물이 자라지 않고,
모래와 돌로 뒤덮인 넓은 땅.
예 사막의 모래바람을 조심해야 해.

사막에도 물이
샘솟는 **오아시스**가 있어.

? 알고 있니?   사막은 어떤 곳일까?

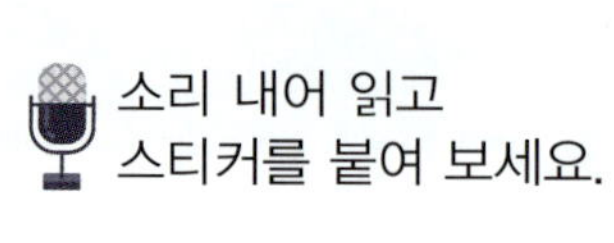

북극여우와 사막여우

여우는 세모난 귀와 길고 뾰족한 주둥이를 가진 동물이에요.

북극에 사는 여우는 북극여우예요. 북극은 지구의 북쪽 끝에 있는 매우 추운 곳이에요.

사막에 사는 여우는 사막여우예요. 사막은 비가 잘 오지 않아 덥고 메마른 곳이에요.

북극여우와 사막여우는 모두 여우이지만, 생김새*가 달라요.

북극여우는 귀가 세모 모양이지만 작아요. 사막여우는 귀가 세모 모양이지만 아주 커요.

왜 두 여우의 귀는 크기가 달라졌을까요?

북극은 매우 추운 곳이에요. 몸의 열이 밖으로 빠져나가지 않도록 해야 하지요. 그래서 북극여우는 귀가 작아요. 추위를 견디기 위해서예요.

사막은 매우 더운 곳이에요. 몸의 열이 밖으로 잘 빠져나가도록 해야 해요. 귀로 열이 빠져나가면 좋지요. 그래서 사막여우는 귀가 커요. 더위를 견디기 위해서예요.

이렇게 동물들은 사는 곳에 따라 생김새가 달라요.

*생김새: 생긴 모양새.

글의 내용 이해하기

1 이 글의 내용으로 알맞지 <u>않은</u> 것은 무엇입니까? (　　　)

① 북극은 매우 추운 곳입니다.
② 사막은 매우 더운 곳입니다.
③ 여우는 세모난 귀를 가졌습니다.
④ 여우는 뾰족한 주둥이를 가졌습니다.
⑤ 북극여우와 사막여우의 생김새는 똑같습니다.

세부 내용 이해하기

2 북극여우의 귀가 작은 이유는 무엇입니까? (　　　)

① 사냥하기에 알맞기 때문입니다.
② 달리기를 잘하기 위해서입니다.
③ 더위를 잘 견디기 위해서입니다.
④ 작은 소리도 잘 들을 수 있기 때문입니다.
⑤ 몸의 열이 빠져나가지 않도록 하기 위해서입니다.

세부 내용 이해하기

3 다음 중 사막에 대한 설명으로 알맞지 <u>않은</u> 것은 무엇입니까? (　　　)

① 사막은 매우 덥습니다.
② 사막은 메마른 곳입니다.
③ 사막에는 사막여우가 삽니다.
④ 사막에는 물이 전혀 없습니다.
⑤ 사막은 비가 잘 오지 않는 곳입니다.

4 다음 이야기를 읽고 빈칸에 들어갈 알맞은 말을 보기 에서 찾아 쓰세요.

보기

•목　　　•귀　　　•부리　　　•주둥이

두루미의 집에 놀러 간 여우는 물을 마실 수 없었습니다. 두루미가 준 좁고 긴 컵에 여우의 ＿＿＿＿＿＿＿＿＿ 이/가 들어가지 않았기 때문입니다.

5 다음 빈칸에 공통으로 들어갈 말은 무엇인지 이 글에서 찾아 쓰세요.

지구가 점점 따뜻해지면서 ☐☐ 의 빙하가 녹았어요.

그래서 ☐☐ 곰은 살 곳을 잃었어요.

6 스티커 스티커에 있는 동물을 북극에 사는 동물과 사막에 사는 동물로 구분해서 붙이고, 빈칸에 들어갈 알맞은 이름을 쓰세요.

잘못 쓰기 쉬운 말

낱말을 쓸 때 잘못 쓰기 쉬운 낱말이 있습니다. 바르게 쓴 낱말을 잘 보고 따라 써 봅니다.

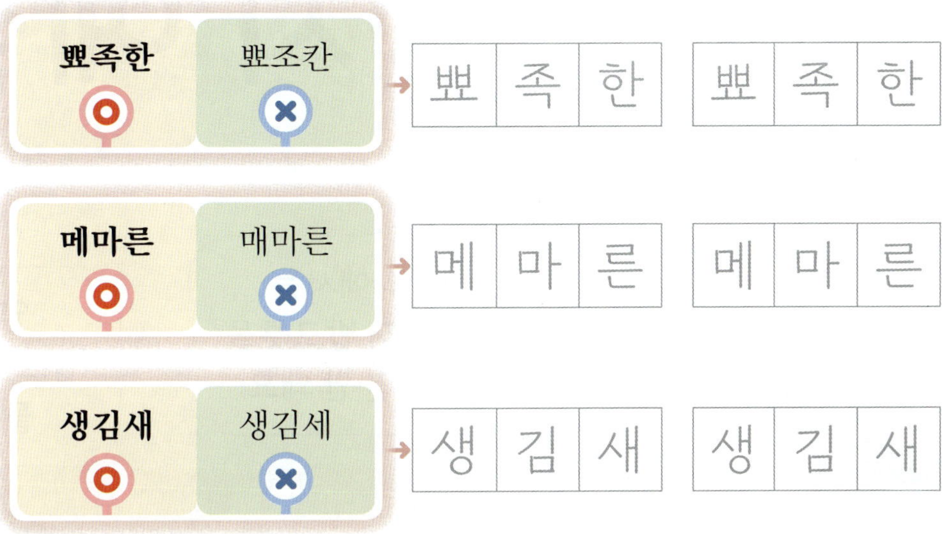

반대말

헷갈리기 쉬운 반대말을 정확히 알고 따라 써 봅니다.

재미있는 식사 예절

틀린 것이 아니라 다른 거예요.
우리나라에서는 밥을 먹을 때 밥그릇을 들고 먹으면 안 돼요.
일본 사람은 밥그릇을 왼손으로 들고 먹어요.
인도에서는 밥을 손으로 먹어요.

흐리게 쓴 글자는 따라 쓰세요.

여행

여 행　여 행　여 행

집을 떠나 이곳저곳을 구경하며 다니는 일.
예) 바다로 가족 여행을 다녀왔다.

여행하는 사람을 **여행객**이라고 해.

대화

대 화　대 화　대 화

서로 이야기를 주고받음. 또는 그 이야기.
예) 친한 친구와 하는 대화는 항상 즐거워!

비슷한 말로 **대담**이 있어.

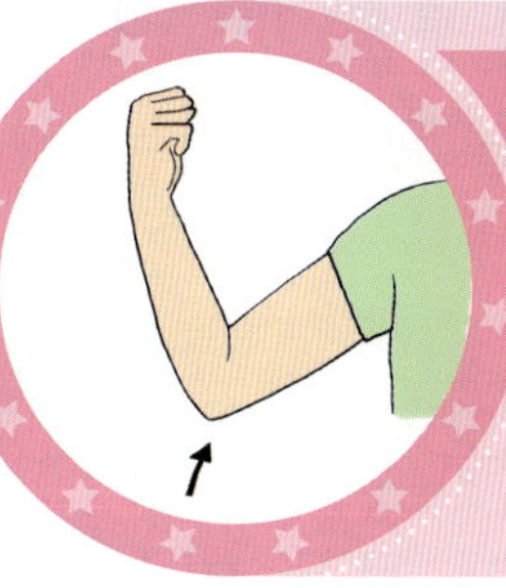

팔꿈치

팔 꿈 치　팔 꿈 치

팔의 위아래 뼈가 이어진 곳의 바깥쪽.
예) 장난을 치다가 팔꿈치로 친구의 팔을 쳤다.

앉을 때 다리가 접히는 앞부분은 **무릎**이야.

알고 있니? 세계 사람들은 어떤 음식을 먹을까?

　우리가 먹는 많은 음식 중에는 다른 나라의 대표 음식들이 많아요. 스파게티나 피자는 이탈리아 음식이고, 초밥은 일본 음식이라고 해요. 인도 음식으로는 카레가, 멕시코 음식으로는 타코가 유명해요. 세계 사람들이 좋아하는 우리나라 음식으로는 김치와 비빔밥 등이 있어요.

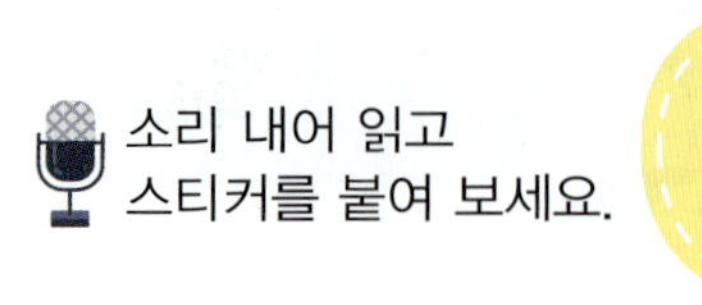

재미있는 식사 예절

여름방학에 부모님과 해외여행을 가기로 했어요. 여행할 나라를 찾다가 다른 나라의 재미있는 식사 예절에 대하여 알게 되었어요.

프랑스에서는 식사 시간에 많은 이야기를 나눈다고 해요. 우리나라에서는 밥을 먹으면서 말을 하면 어른들이 주의를 주지요. 프랑스에서는 말을 안 하면 오히려 예의가 없다고 생각한대요. 즐겁게 대화하면서 식사 시간을 보내는 것은 좋은 모습인 것 같아요.

이탈리아에서는 식사 중에 팔을 식탁 밑으로 내리면 안 된대요. 팔꿈치를 식탁 위에 올려놓아서도 안 되고요. 음식을 덜어 먹을 때도 음식을 뒤적거리는 것은 큰 실례라고 해요. 이런 것은 우리도 지켜야 할 예절 같아요.

인도에서는 식사 전에 반드시 물로 손을 씻어야 한대요. 손으로 음식을 먹기 때문이지요. 그리고 반드시 오른손으로 식사를 해야 한대요. 물을 마실 때는 컵을 입에 대지 않고 물을 입 안에 부어 넣는다고 해요. 숟가락과 젓가락을 사용하는 우리나라와 많이 다르지요? 그렇지만 그 나라의 문화이므로 존중해야 해요.

다른 나라를 여행할 때는 그 나라의 문화를 알고 그에 맞게 행동해야 할 거 같아요.

1 이 글은 무엇에 대해 설명하고 있는지 알맞은 것에 ◯표 하세요.

> 세계 여러 나라의 (대표 음식, 식사 예절)에 대해 설명하고 있습니다.

2 이 글의 내용으로 알맞지 <u>않은</u> 것은 무엇입니까? (   )

① 인도에서는 오른손으로 식사를 합니다.
② 나라마다 식사 예절은 조금씩 다릅니다.
③ 프랑스에서 식사할 때는 말을 하지 않습니다.
④ 우리나라에서는 식사 시간에 숟가락과 젓가락을 사용합니다.
⑤ 이탈리아에서는 음식을 덜어 먹을 때 뒤적거리지 말아야 합니다.

3 빈칸에 알맞은 낱말을 써 넣어 퍼즐을 완성하세요.

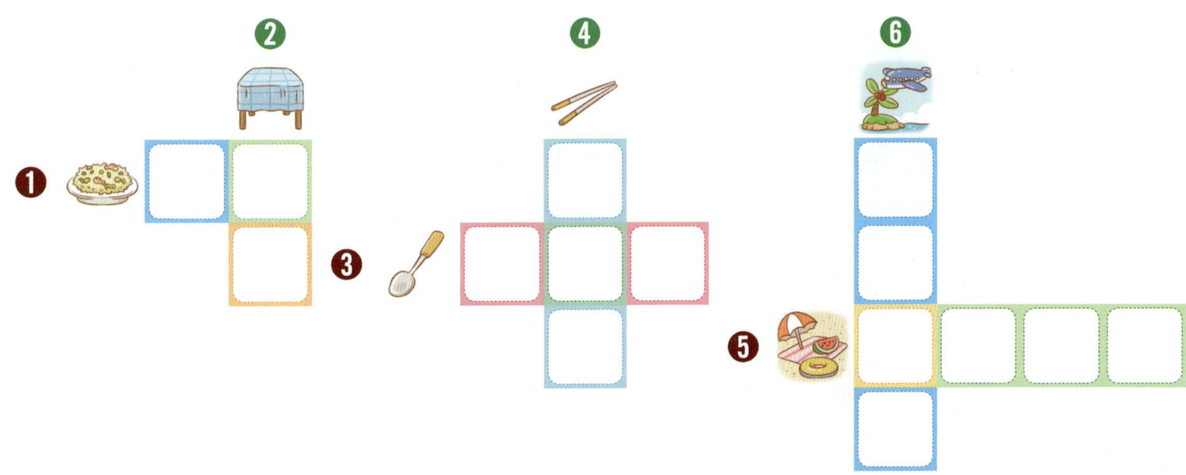

가로 열쇠(→)
❶ 사람이 먹고 마실 수 있도록 만든 것.
❸ 밥이나 국물을 떠먹는 기구.
❺ 여름의 한창 더울 때 일정 기간 수업을 쉬는 일.

세로 열쇠(↓)
❷ 음식을 차려 놓고 둘러앉아 먹게 만든 기구.
❹ 음식을 잡거나 집어 먹을 때 쓰는 기구.
❻ 여행을 목적으로 외국으로 가는 것.

4 인도 사람들의 식사 예절로 알맞은 것에 ○표 하세요.

(1) 식사를 할 때는 꼭 손을 씻고 손으로 음식을 먹습니다.　　　　　　　(　　　　)

(2) 숟가락과 젓가락 사용은 모두 왼손으로 합니다.　　　　　　　　　　(　　　　)

(3) 물은 반드시 입을 컵에 대고 마십니다.　　　　　　　　　　　　　　(　　　　)

5 텔레비전을 보면서 친구들이 나눈 대화입니다. 빈칸에 들어갈 말로 알맞은 것에 ○표 하세요.

"저 나라 사람들은 손으로 밥을 먹네."
"손은 깨끗이 씻었을까?"
"식사 예절을 모르는 사람들 같아."
"그렇지 않아. 　　　　　　　　　"

(1) 식사 예절을 배우지 못해서 그런 거야.　　　　　　　　　　　　　(　　　　)

(2) 그 나라의 문화이므로 존중해 줘야 해.　　　　　　　　　　　　　(　　　　)

(3) 숟가락과 젓가락을 가져오지 않아서 그런 거야.　　　　　　　　　(　　　　)

6 스티커 이탈리아, 우리나라, 일본 어린이가 각자 자기 나라의 음식을 가져왔습니다. 어떤 음식을 가져왔는지 스티커에서 찾아 붙이고, 음식의 이름을 따라 쓰세요.

헷갈리기 쉬운 우리말의 정확한 뜻을 알아보고 따라 써 봅니다.

반드시
틀림없이 꼭, 어김없이 꼭.

⑩ 약속은 반드시 지켜야 한다.

반	드	시
반	드	시
반	드	시

반듯이
비뚤어지거나 기울지 않음.

⑩ 허리를 반듯이 펴고 앉아야 한다.

반	듯	이
반	듯	이
반	듯	이

한자어를 소리 내어 읽고 따라 써 봅니다.

식 사
먹을 식 食 + 일 사 事

사람이 아침, 점심, 저녁으로 음식을 먹음. 또는 그 음식.

食 事
먹을 식 · 일 사

식판

食 + 板
먹을 식 · 널빤지 판

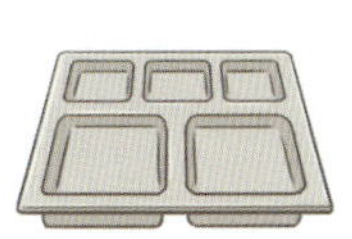

인사

人 + 事
사람 인 · 일 사

5회

STEAM
과학을 바탕으로 한 융합 독해

잠을 잘 자야 몸도 마음도 건강해요.

왜 잠을 자야 하나요?

우리가 잠을 잘 때
뇌도 쉬어요.

잠을 잘 잤어요.

잠을 잘 자서
기운이 나요.

우리가 잠을 못 자면
뇌도 피곤해요.

아~, 졸려.
더 자고 싶어요.

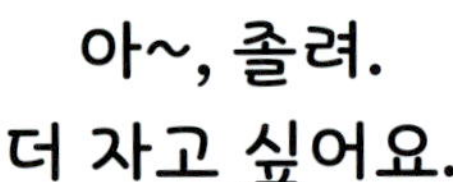

잠을 못 자서
힘들어요.

잠

잠 잠 잠 잠 잠

활동을 멈추고 자는 상태.
예) 아기는 어느새 잠이 들었다.

공부

공 부   공 부   공 부

학문이나 기술을 배우고 익힘.
예) 학생은 열심히 공부를 해야 해!

컴퓨터

컴 퓨 터   컴 퓨 터

자료를 기억하고 비교하고 계산하는 등의
일을 정확히 해내는 전자 기계.
예) 컴퓨터로 하는 수업은 재미있어.

알고 있니? 돌고래의 독특한 잠 이야기

   돌고래는 아가미로 숨을 쉬는 물고기와 달리 꼭 물 위로 올라가 숨을 쉬어야 한답니다. 사람처럼 허파로 숨을 쉬기 때문이에요. 그런데 만약 돌고래가 물속에서 완전히 잠이 들면 물 밖으로 나와 숨을 쉴 수가 없어 위험합니다.

   그래서 돌고래는 잠을 잘 때 왼쪽 뇌와 오른쪽 뇌 중 한쪽 뇌만 잔답니다. 뇌의 반은 자고 나머지 반은 깨어 있는데 이것을 반구 수면이라고 해요. 즉, 숨을 쉬러 물 밖으로 뛰어오를 때 한쪽 뇌는 물 밖을 보고 있지만 다른 한쪽 뇌는 자면서 쉬고 있는 것이래요.

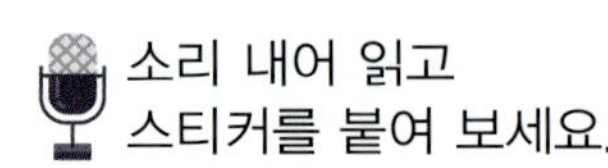

왜 잠을 자야 하나요?

우리는 밤이 되면 잠을 자야 해요. ㉠만약 잠을 자지 않는다면 어떻게 될까요?

다음 날 정신이 맑지 않아서 집중하기가 어렵고 기분도 좋지 않아요. 그리고 팔, 다리 등 몸은 힘이 없어서 제대로 활동을 할 수가 없어요.

우리의 뇌도 쉬는 시간이 필요해요. 뇌는 하루종일 쉬지 않고 일을 하거든요. 낮 동안에 공부도 하고 많은 생각을 하는데 그 일을 뇌가 하지요.

그런 뇌가 쉴 수 있는 시간이 바로 잠을 자는 시간이에요. 뇌는 낮 동안에 배우고 경험한 것들을 이때 쉬면서 정리한답니다. 그러면 다음 날 상쾌한 기분으로 공부도 하고 생각도 잘하게 되지요.

그럼, 잠은 얼마나 ㉡자는 것이 좋을까요?

보통 초등학생은 9~12시간을 자는 것이 좋다고 해요.

하지만 자는 시간보다 더 중요한 것은 ㉢깊이 잘 자는 것이랍니다. 깊이 잘 자기 위해서는 컴퓨터, 스마트폰과 같은 전자 기기를 되도록 멀리하는 것이 좋아요. 전자 기기에서 나오는 불빛이 깊이 잠드는 것을 방해하니까요.

낮 동안에 즐겁고 활기찬 생활을 하려면 잠을 깊이 잘 자야 해요. 푹 잘 자야 건강하고 행복한 생활을 할 수 있답니다.

글의 내용 **이해하기**

1 이 글의 내용으로 알맞지 <u>않은</u> 것은 무엇입니까? (   )

① 잠이 오지 않으면 스마트폰을 옆에 두고 자면 좋습니다.
② 밤에 잠을 자야 건강하고 행복한 생활을 할 수 있습니다.
③ 밤에 잠을 자는 동안 뇌는 낮 동안에 경험한 것을 정리합니다.
④ 잠을 잘 자면 다음 날 상쾌한 기분으로 공부를 할 수 있습니다.
⑤ 우리의 뇌도 쉬는 시간이 필요한데 그 시간이 잠자는 시간입니다.

세부 내용 **이해하기**

2 ㉠에 대한 답으로 알맞지 <u>않은</u> 것은 무엇입니까? (   )

① 정신이 맑지 않습니다.
② 기분이 좋지 않습니다.
③ 다음 날 공부에 집중하기 어렵습니다.
④ 건강하고 활기찬 생활을 할 수 있습니다.
⑤ 팔과 다리에 힘이 약해져 활동하기가 힘듭니다.

세부 내용 **이해하기**

3 빈칸에 들어갈 알맞은 말을 이 글에서 찾아 쓰세요.

4 ㉡, ㉢과 뜻이 통하는 낱말을 보기 에서 찾아 쓰세요.

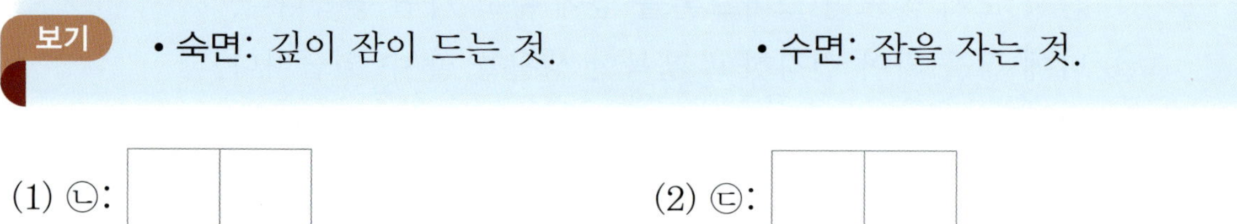

보기 • 숙면: 깊이 잠이 드는 것.   • 수면: 잠을 자는 것.

(1) ㉡: ☐☐   (2) ㉢: ☐☐

5 돌고래가 잠을 잘 때, 뇌가 번갈아 잠을 자는 이유는 무엇인지 써 보세요.

6 아이가 자고 일어난 시간에 맞는 시계를 스티커에서 찾아 붙여 보세요.
스티커

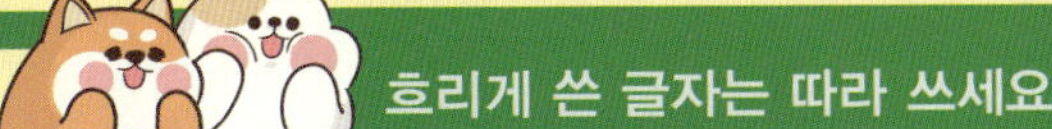

어휘 살찌우기

'잠'과 관련 있는 낱말을 알아보고 따라 써 봅니다.

잠옷 잠잘 때 입는 옷.

잠 옷   잠 옷

잠결 잠이 어렴풋이 들거나 깬 상태.

잠 결   잠 결

잠꼬대 자면서 자기도 모르게 중얼거리는 소리.

잠 꼬 대   잠 꼬 대

잠버릇 잠잘 때 하는 짓.

잠 버 릇   잠 버 릇

잠꾸러기 잠이 아주 많은 사람을 이르는 말.

잠 꾸 러 기   잠 꾸 러 기

한자어

한자어를 소리 내어 읽고 따라 써 봅니다.

공부

장인 공 工 + 남편 부 夫

학문이나 기술을 배우고 익힘.

工 夫
장인 공 남편 부

공부방

工 夫 + 房
장인 공 남편 부 방 방

한자 공부

漢 字 + 工 夫
한나라 한 글자 자 장인 공 남편 부

초등학교   학년   이름

위 어린이는

ERI 독해가 문해력이다 2단계 심화 과정을

모두 마쳤습니다.

이에 학습을 마쳤다는 확인증을 드립니다.

다음 ERI 독해가 문해력이다 3단계 기본에서
다시 만나요~~

부 록

에서 학습한 어휘를 놀이로 즐기면서 복습해 보세요. 부모님과 함께 해도 되고, 친구끼리 해도 좋습니다.

활용법

• 절취선을 따라 낱말카드를 잘라 주세요.

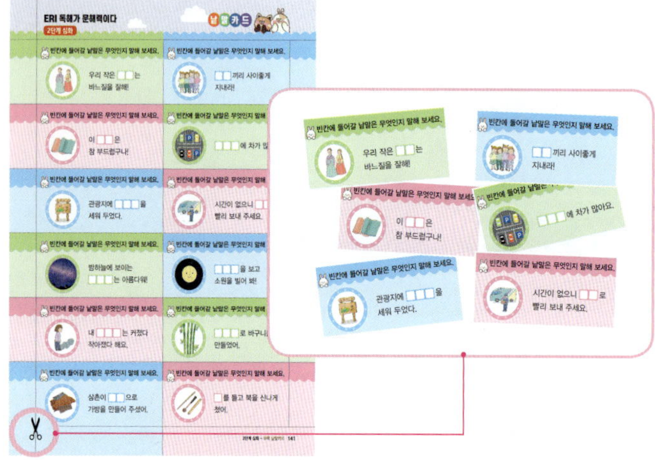

• 낱말카드의 문제 부분을 보여 주며 답을 말하도록 합니다.

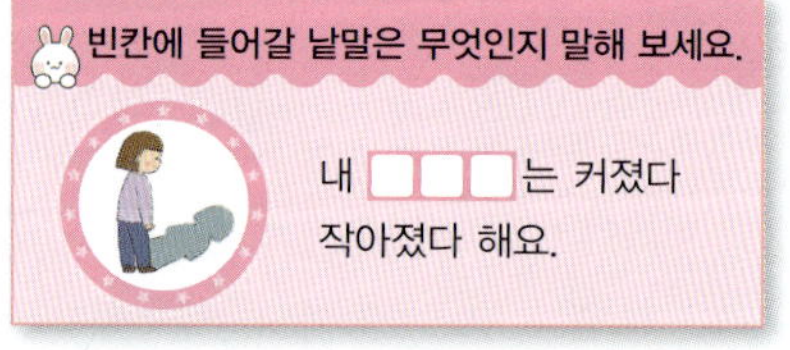

• 어려워하면 낱말카드 뒷부분에 있는 낱말 뜻을 읽어 주어 답을 생각해 보게 합니다.

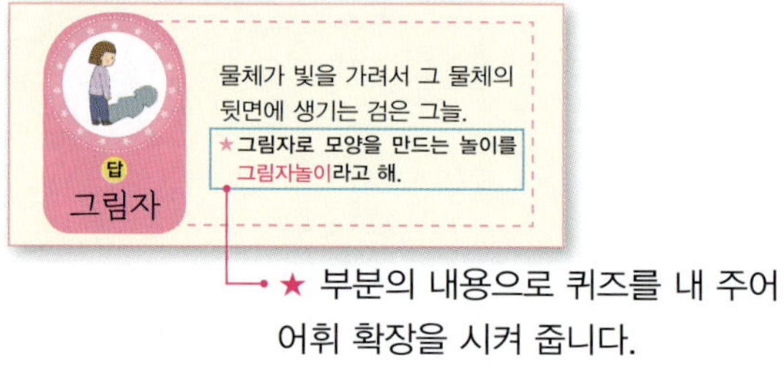

★ 부분의 내용으로 퀴즈를 내 주어 어휘 확장을 시켜 줍니다.

를 잘 듣고 단계별 받아쓰기를 합니다.

3단계 구성으로 올바른 맞춤법과 듣기에 집중하여 문장을 완성하는 훈련을 하게 합니다.

1단계 글자 완성 낱말의 기본 자음자와 모음자를 보여 주고 어려운 자음자, 모음자, 받침을 채우는 코너입니다.

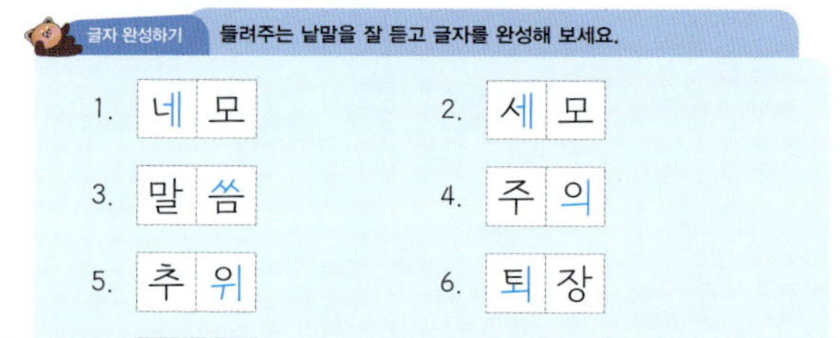

2단계 낱말 완성 들려주는 낱말을 잘 듣고 낱말을 받아쓰는 코너입니다.

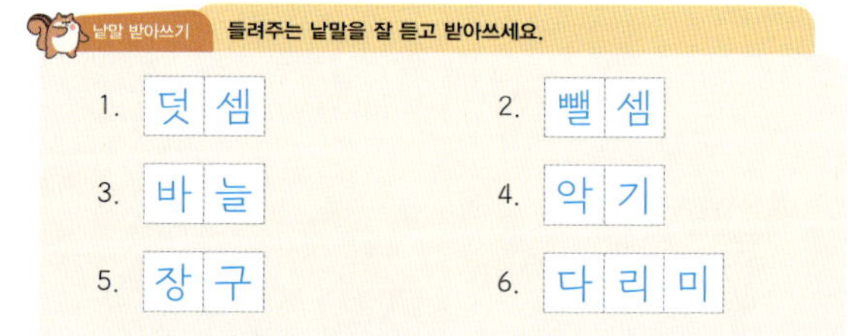

3단계 문장 완성 들려주는 문장을 잘 듣고 빈칸에 들어갈 낱말을 받아쓰는 코너입니다.

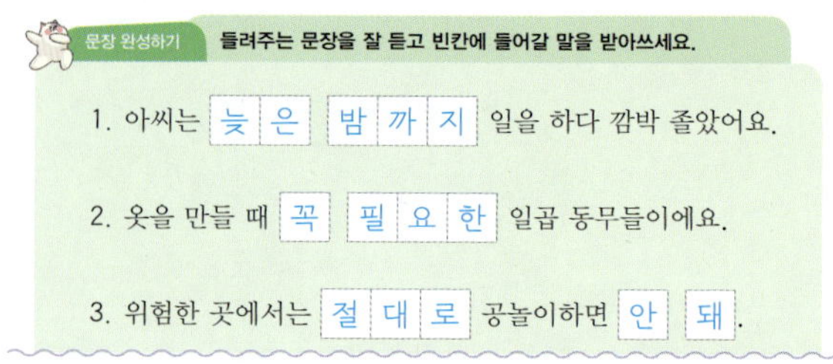

빈칸에 들어갈 낱말은 무엇인지 말해 보세요.

우리 작은 □□는
바느질을 잘해!

빈칸에 들어갈 낱말은 무엇인지 말해 보세요.

□□끼리 사이좋게
지내라!

빈칸에 들어갈 낱말은 무엇인지 말해 보세요.

이 □□은
참 부드럽구나!

빈칸에 들어갈 낱말은 무엇인지 말해 보세요.

□□□에 차가 많아요.

빈칸에 들어갈 낱말은 무엇인지 말해 보세요.

관광지에 □□□을
세워 두었다.

빈칸에 들어갈 낱말은 무엇인지 말해 보세요.

시간이 없으니 □□로
빨리 보내 주세요.

빈칸에 들어갈 낱말은 무엇인지 말해 보세요.

밤하늘에 보이는
□□□는 아름다워!

빈칸에 들어갈 낱말은 무엇인지 말해 보세요.

□□□을 보고
소원을 빌어 봐!

빈칸에 들어갈 낱말은 무엇인지 말해 보세요.

내 □□□는 커졌다
작아졌다 해요.

빈칸에 들어갈 낱말은 무엇인지 말해 보세요.

□□□로 바구니를
만들었어.

빈칸에 들어갈 낱말은 무엇인지 말해 보세요.

삼촌이 □□으로
가방을 만들어 주셨어.

빈칸에 들어갈 낱말은 무엇인지 말해 보세요.

□를 들고 북을 신나게
쳤어.

답 동무

친하게 지내는 사람.
★ 동무는 친구라고도 해.

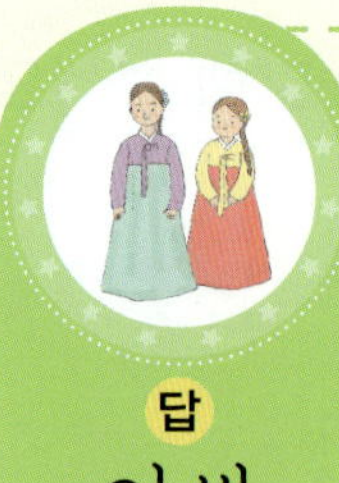

답 아씨

옛날에 아랫사람들이 젊은 여자를 높여 부르던 말.
★ 결혼하지 않은 여자를 높여 부르던 말은 낭자야.

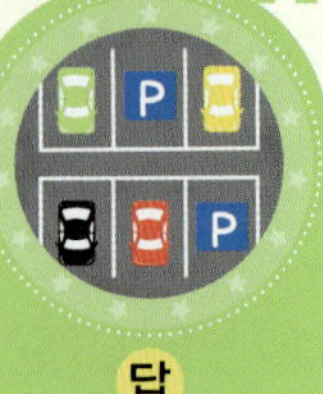

답 주차장

차를 세워 두기 위해 만든 장소.
★ 돈을 내지 않아도 되는 주차장을 무료 주차장이라고 해.

답 옷감

옷을 만드는 데 쓰이는 천.
★ 옷감으로 만든 것이 옷이야.

답 택배

요금을 받고 우편물이나 짐을 원하는 곳에 직접 가져다주는 것.
★ 비슷한 뜻으로 배달이 쓰일 수도 있어.

답 안내판

여러 사람에게 알리거나 소개할 내용을 적은 판.
★ 비슷한 뜻으로 알림판이 쓰일 수도 있어.

답 보름달

음력 15일 밤에 뜨는 둥근달.
★ 반원 모양으로 뜨는 달은 반달이야.

답 은하수

구름 띠 모양으로 길게 늘어서 강처럼 보이는 별의 무리.
★ 은하수를 순우리말로 미리내라고도 해.

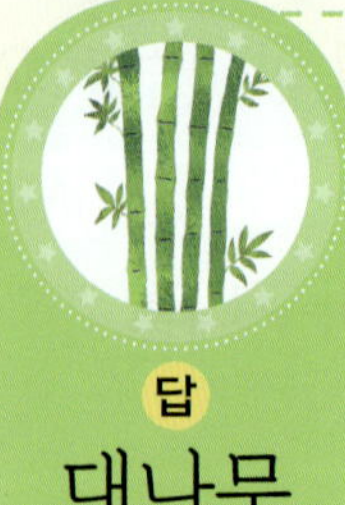

답 대나무

속이 비었고 마디가 있는 나무.
★ 대나무를 줄여서 한 글자로 대라고도 해.

답 그림자

물체가 빛을 가려서 그 물체의 뒷면에 생기는 검은 그늘.
★ 그림자로 모양을 만드는 놀이를 그림자놀이라고 해.

답 채

북이나 장구 등을 쳐서 소리가 나게 하는 도구.
★ 북을 치는 채는 북채라고 해.

답 가죽

동물의 몸에서 벗겨 낸 껍질.
★ 가죽옷은 가죽으로 만든 옷을 말해.

ERI 독해가 문해력이다

빈칸에 들어갈 낱말은 무엇인지 말해 보세요.

☐☐을 배우고 있어!

빈칸에 들어갈 낱말은 무엇인지 말해 보세요.

☐☐을 하면 원래의 것보다 줄어들어!

빈칸에 들어갈 낱말은 무엇인지 말해 보세요.

☐☐가 너무 어려워요.

빈칸에 들어갈 낱말은 무엇인지 말해 보세요.

사람을 ☐☐하지 마세요!

빈칸에 들어갈 낱말은 무엇인지 말해 보세요.

나는 선생님 말씀을 잘 듣는 ☐☐야.

빈칸에 들어갈 낱말은 무엇인지 말해 보세요.

양반과 하인은 ☐☐이 서로 달랐어.

빈칸에 들어갈 낱말은 무엇인지 말해 보세요.

☐☐는 가을에 흰색, 또는 노란색 꽃이 핀대.

빈칸에 들어갈 낱말은 무엇인지 말해 보세요.

이불에 포근한 ☐이 들어 있어.

빈칸에 들어갈 낱말은 무엇인지 말해 보세요.

엄마는 늘 ☐☐을 그리워하셔.

빈칸에 들어갈 낱말은 무엇인지 말해 보세요.

고양이의 ☐☐이 움직였다.

빈칸에 들어갈 낱말은 무엇인지 말해 보세요.

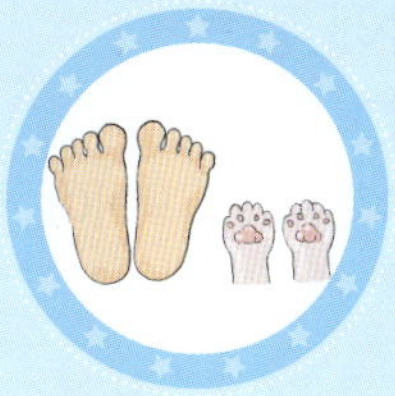

오래 걸어서 ☐☐☐이 아팠어!

빈칸에 들어갈 낱말은 무엇인지 말해 보세요.

가로등이 ☐☐을 밝히고 있다.

답 뺄셈

어떤 수에서 어떤 수를 덜어 내는 셈.
★ 뺄셈은 빼기를 말해.

답 덧셈

하나의 수에 또 하나의 수를 더하는 셈.
★ 덧셈은 더하기를 말해.

답 차별

높고 낮음이나 차이에 따라 구별함.
★ 차별의 반대말은 평등이야.

답 문제

답을 찾아야 하는 물음.
★ 문제들로 만든 책을 문제집이라고 해.

답 신분

사람의 위치를 구분한 것. 학교나 직장 등에서의 지위나 자격.
★ 신분이 높다, 신분이 낮다라고 말했어.

답 제자

가르치고 배우는 관계에서 배우는 사람.
★ 제자는 학생과 같은 의미야.

답 솜

목화에서 씨를 빼고 남은 희고 부드러운 덩어리.
★ 솜처럼 생긴 사탕을 솜사탕이라고 하지.

답 목화

열매가 익으면 하얀 솜이 붙은 씨가 드러나는 식물.
★ 다른 말로 면화라고도 해.

답 수염

성인 남자나 동물의 입 주변에 난 털.
★ 턱에 난 수염은 턱수염이야.

답 고향

자기가 태어나서 자란 곳.
★ 고향의 반대말은 타향이야.

답 어둠

빛이 없는 어두운 상태.
★ 어둠은 어두움을 줄인 말이야.

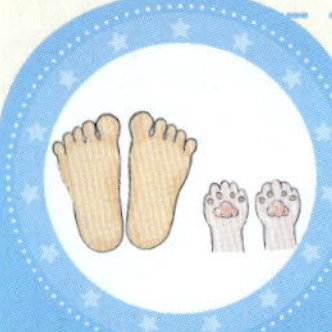

답 발바닥

서 있을 때 바닥에 닿는 발의 평평한 부분.
★ 손의 평평한 안쪽은 손바닥이야.

🐰 빈칸에 들어갈 낱말은 무엇인지 말해 보세요.

동물원에서 동물 ☐☐을 했어.

🐰 빈칸에 들어갈 낱말은 무엇인지 말해 보세요.

비가 많이 와서 길이 ☐☐으로 덮였어.

🐰 빈칸에 들어갈 낱말은 무엇인지 말해 보세요.

우리 집은 붉은 ☐☐로 지었어.

🐰 빈칸에 들어갈 낱말은 무엇인지 말해 보세요.

☐☐☐에서 그림을 그렸어!

🐰 빈칸에 들어갈 낱말은 무엇인지 말해 보세요.

☐☐ 시간에 노래를 불렀어.

🐰 빈칸에 들어갈 낱말은 무엇인지 말해 보세요.

악기를 ☐☐하고 있어!

🐰 빈칸에 들어갈 낱말은 무엇인지 말해 보세요.

할아버지께서는 가죽 ☐☐☐을 마음에 들어 하셨어.

🐰 빈칸에 들어갈 낱말은 무엇인지 말해 보세요.

선생님께서 사탕을 ☐☐로 주셨어.

🐰 빈칸에 들어갈 낱말은 무엇인지 말해 보세요.

☐☐☐이 참 예쁘구나!

🐰 빈칸에 들어갈 낱말은 무엇인지 말해 보세요.

아이들은 모르는 낱말을 ☐☐에서 찾아보았다.

🐰 빈칸에 들어갈 낱말은 무엇인지 말해 보세요.

장군 나폴레옹은 드디어 ☐☐가 되었다.

🐰 빈칸에 들어갈 낱말은 무엇인지 말해 보세요.

우리나라 ☐☐은 바다를 지키고 있다.

빛깔이 붉고 끈끈한 흙.
★ 온통 진흙이 묻어 있으면
진흙 투성이라고 해.

답 **진흙**

어떤 것에 흥미를 가지고 봄.
★ 구경을 하는 사람을
구경꾼이라고 해.

답 **구경**

일을 하는 곳.
★ 그림 그리는 작업실을
화실이라고 해.

답 **작업실**

벽을 쌓는 데 쓰는 네모난 돌.
★ 벽돌로 쌓은 담이 벽돌담이야.

답 **벽돌**

악기를 다루어 소리를
들려주는 것.
★ 연주하는 사람을 연주자라고 해.

답 **연주**

목소리나 악기로 자기의
느낌을 나타내는 것.
★ 음악하는 사람을 음악가라고 해.

답 **음악**

다른 사람에게 마음을 담아
주는 물건.
★ 생일 선물은 생일에 주는
선물이야.

답 **선물**

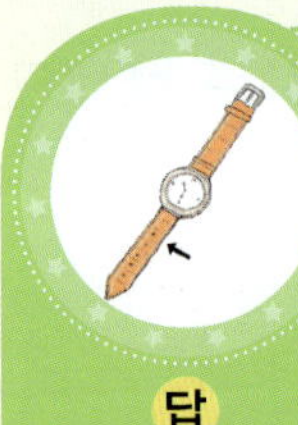

손목에 차거나 목에 걸 수 있
도록 시계에 매달아 놓은 줄.
★ 시곗줄은 시계와 줄을 합한
말이야.

답 **시곗줄**

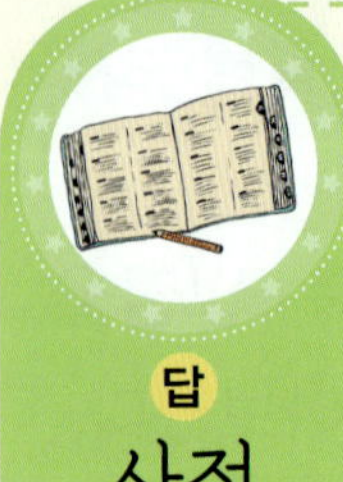

낱말의 뜻을 설명해 놓은 책.
★ 우리말을 모아 놓은 사전은
국어사전이야.

답 **사전**

여자의 머리에 꽂는 핀.
★ 머리와 핀이 합쳐져서 머리핀이
라는 말이 만들어졌어.

답 **머리핀**

바다를 지키는 군사.
★ 땅을 지키는 군사는 육군,
하늘을 지키는 군사는 공군이야.

답 **해군**

여러 왕을 거느린 임금.
★ 황제의 아들을 황태자라고 해.

답 **황제**

🐰 빈칸에 들어갈 낱말은 무엇인지 말해 보세요.

□□로 얼굴을 깨끗이 씻어야지.

🐰 빈칸에 들어갈 낱말은 무엇인지 말해 보세요.

엄마가 □□를 하신다.

🐰 빈칸에 들어갈 낱말은 무엇인지 말해 보세요.

비누 □□이 많이 생겼다.

🐰 빈칸에 들어갈 낱말은 무엇인지 말해 보세요.

지키기로 약속한 □□은 잘 지켜야 해.

🐰 빈칸에 들어갈 낱말은 무엇인지 말해 보세요.

경기를 할 때에는 □□의 판정에 따라야 해.

🐰 빈칸에 들어갈 낱말은 무엇인지 말해 보세요.

반칙을 한 선수가 □□당했다.

🐰 빈칸에 들어갈 낱말은 무엇인지 말해 보세요.

모양이 다 다르게 생긴 □□이 있구나!

🐰 빈칸에 들어갈 낱말은 무엇인지 말해 보세요.

전쟁은 싫어! 지구의 □□를 지키자!

🐰 빈칸에 들어갈 낱말은 무엇인지 말해 보세요.

서로 □□하는 마음을 가져야 해!

🐰 빈칸에 들어갈 낱말은 무엇인지 말해 보세요.

아프리카 □□에는 다양한 동물들이 산다.

🐰 빈칸에 들어갈 낱말은 무엇인지 말해 보세요.

우리는 결혼 후 □□가 되었다.

🐰 빈칸에 들어갈 낱말은 무엇인지 말해 보세요.

□□ 회관에서 잔치가 열렸다.

더러운 옷을 물에 빠는 일.
★ 빨래를 세탁이라고도 하지.

답 빨래

때를 씻어 낼 때 쓰는 물건.
★ 액체로 된 비누를
물비누라고 해.

답 비누

여러 사람이 다 같이 지키기로
정한 약속.
★ 규칙을 어겼을 때 받는 벌을
벌칙이라고 해.

답 규칙

액체가 공기를 머금고
부풀어서 생긴 속이 빈 방울.
★ 비누로 만든 거품은
비누 거품이지.

답 거품

어떤 장소에서 나감.
또는 쫓겨남.
★ 퇴장의 반대말은 입장이야.

답 퇴장

규칙에 알맞은 행동인지 등을
가려 내는 사람.
★ 심판이 내리는 결정을
판정이라고 해.

답 심판

다툼이 없는 상태.
★ 평화의 반대말은 전쟁이야.

답 평화

그림의 모양이나 형태.
★ 동그라미 모양의 도형은
원이라고 해.

답 도형

큰 나무들이 빽빽하게 들어선
깊은 숲.
★ 정글과 비슷한 말로
밀림이 있어.

답 정글

도와주거나 보살펴 주는 마음.
★ 배려하는 마음을
배려심이라고 해.

답 배려

여러 집이 모여 사는 곳.
★ 마을과 비슷한 말은 동네야.

답 마을

남편과 아내.
★ 사이좋은 부부를
잉꼬부부라고 해.

답 부부

🐰 빈칸에 들어갈 낱말은 무엇인지 말해 보세요.

우리나라는 미국과 ☐☐을 많이 해.

🐰 빈칸에 들어갈 낱말은 무엇인지 말해 보세요.

우리나라는 휴대폰을 만드는 ☐☐이 뛰어나다.

🐰 빈칸에 들어갈 낱말은 무엇인지 말해 보세요.

우리나라에서도 ☐☐가 많이 나오면 좋겠다.

🐰 빈칸에 들어갈 낱말은 무엇인지 말해 보세요.

여우의 ☐☐☐는 병 속에 들어가지 않았다.

🐰 빈칸에 들어갈 낱말은 무엇인지 말해 보세요.

사람들은 지구 북쪽 끝으로 ☐☐ 탐험을 떠납니다.

🐰 빈칸에 들어갈 낱말은 무엇인지 말해 보세요.

☐☐의 모래바람을 조심해야 해.

🐰 빈칸에 들어갈 낱말은 무엇인지 말해 보세요.

바다로 가족 ☐☐을 다녀왔다.

🐰 빈칸에 들어갈 낱말은 무엇인지 말해 보세요.

친한 친구와 하는 ☐☐는 항상 즐거워.

🐰 빈칸에 들어갈 낱말은 무엇인지 말해 보세요.

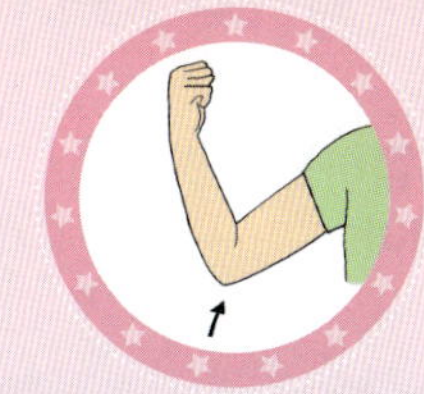

장난을 치다가 ☐☐☐로 친구의 팔을 쳤다.

🐰 빈칸에 들어갈 낱말은 무엇인지 말해 보세요.

아기는 어느새 ☐이 들었다.

🐰 빈칸에 들어갈 낱말은 무엇인지 말해 보세요.

학생은 열심히 ☐☐를 해야 해!

🐰 빈칸에 들어갈 낱말은 무엇인지 말해 보세요.

☐☐☐로 하는 수업은 재미있어.

물건을 잘 만들거나 다룰 수 있는 솜씨.
★ 기술을 가진 사람을 기술자라고 해.

답 **기술**

서로 다른 나라들끼리 물건을 사고파는 것.
★ 무역이 활발하게 벌어지는 항구가 무역항이야.

답 **무역**

짐승이나 물고기의 머리에서 뾰족하게 나온 코나 입 주위의 부분.
★ 새의 주둥이는 부리라고 해.

답 **주둥이**

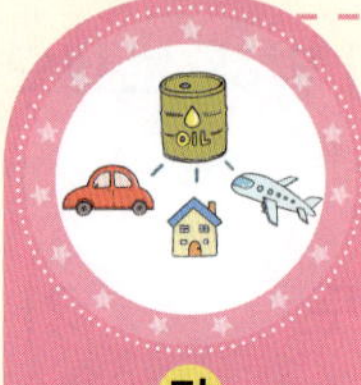

땅속에서 자연적으로 나는 기름.
★ 석유가 나는 나라를 산유국이라고 해.

답 **석유**

비가 거의 오지 않아 식물이 자라지 않고, 모래와 돌로 뒤덮인 넓은 땅.
★ 사막에도 물이 샘솟는 오아시스가 있어.

답 **사막**

나침반이 가리키는 지구의 가장 북쪽이 되는 곳.
★ 지구의 남쪽 끝은 남극이라고 해.

답 **북극**

서로 이야기를 주고받음. 또는 그 이야기.
★ 비슷한 말로 대담이 있어.

답 **대화**

집을 떠나 이곳저곳을 구경하며 다니는 일.
★ 여행하는 사람을 여행객이라고 해.

답 **여행**

활동을 멈추고 자는 상태.
★ 잠을 자면서 자기도 모르게 하는 말이 잠꼬대야.

답 **잠**

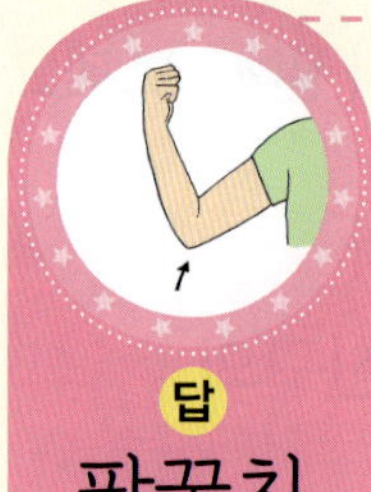

팔의 위아래 뼈가 이어진 곳의 바깥쪽.
★ 앉을 때 다리가 접히는 앞부분은 무릎이야.

답 **팔꿈치**

자료를 기억하고 비교하고 계산하는 등의 일을 정확히 해내는 전자 기계.
★ 컴퓨터를 이용해 하는 오락이 컴퓨터 게임이야.

답 **컴퓨터**

학문이나 기술을 배우고 익힘.
★ 공부방은 공부하기 위해 따로 정해 놓은 방이야.

답 **공부**

2단계 심화 1주차 받아쓰기

글자 완성하기 들려주는 낱말을 잘 듣고 글자를 완성해 보세요.

1. ㄱ 임
2. 숙 ㅈ
3. 오 감
4. 쪽 ㅂ
5. ㅊ 고
6. 가 운 ㄷ
7. ㄱ 림 자
8. ㄷ 나 무
9. 반 ㄷ 로
10. 컴 ㅍ 터

낱말 받아쓰기 들려주는 낱말을 잘 듣고 받아쓰세요.

1.
2.
3.
4.
5.
6.
7.
8.
9.
10.

문장 완성하기   들려주는 문장을 잘 듣고 빈칸에 들어갈 말을 받아쓰세요.

1. 아씨는 [ ][ ]   [ ][ ][ ] 일을 하다 깜박 졸았어요.

2. 옷을 만들 때 [ ]   [ ][ ][ ] 일곱 동무들이에요.

3. 위험한 곳에서는 [ ][ ][ ] 공놀이하면 [ ][ ].

4. 택배 자동차 앞으로 [ ][ ]   [ ][ ][ ][ ][ ].

5. 하지만 달에는 토끼가 [ ][ ]   [ ][ ][ ].

6. [ ][ ]   [ ][ ] 울퉁불퉁해요.

7. [ ][ ]   [ ][ ][ ][ ] "두둥둥." 소리를 냅니다.

8. 동그란 나무통에 [ ][ ][ ]   [ ][ ] 북을 만들어요.

9. 미세 먼지가 [ ][ ][ ]   [ ][ ][ ][ ][ ]?

10. 선생님은 칠판에 [ ][ ][ ]   [ ][ ][ ].

받아쓰기 

글자 완성하기 들려주는 낱말을 잘 듣고 글자를 완성해 보세요.

1. ㄱ

2. 기 ㄱ

3. 길 ㅏ

4. ㅇ 출

5. ㅈ 자

6. 진 ㅎ

7. 거 ㄲ 로

8. 됨 됨 ㅣ

9. 마 침 ㄴ

10. 사 냥 군

낱말 받아쓰기 들려주는 낱말을 잘 듣고 받아쓰세요.

1.

2.

3.

4.

5.

6.

7.

8.

9.

10.

문장 완성하기 들려주는 문장을 잘 듣고 빈칸에 들어갈 말을 받아쓰세요.

1. 공자는 　　　　　　　　　 말했어요.

2. 보기에 좋은 저 소가 　　　　　　　　　？

3. 목화씨를 땅에 심고 　　　　　　　　　.

4. 우리도 　　　　　　　 입읍시다.

5. 고양이가 　　　　　　　 소리 없이 기어가요.

6. 고양이는 　　　　　　　 갖고 있어요.

7. 아주 　　　　　　 무덤이 있습니다.

8. 이 무덤은 　　　　　　　　 뾰족해져요.

9. 자기 작업실에 　　　　　　 있는 거예요.

10. 칸딘스키는 　　　　　　　 표현했어요.

받아쓰기

잘 듣고
받아쓰세요.

글자 완성하기 | 들려주는 낱말을 잘 듣고 글자를 완성해 보세요.

1. ㄴ 모
2. ㅅ 모
3. 말 ㅁ
4. 주 ㅇ
5. 추 ㅇ
6. ㅌ 장
7. 황 ㅈ
8. 머 리 비
9. 동 ㄱ 라 미
10. 손 목 시 ㄱ

낱말 받아쓰기 | 들려주는 낱말을 잘 듣고 받아쓰세요.

1.
2.
3.
4.
5.
6.
7.
8.
9.
10.

문장 완성하기   들려주는 문장을 잘 듣고 빈칸에 들어갈 말을 받아쓰세요.

1. 화려한 ☐☐☐ ☐☐☐☐.

2. 남편은 아내를 위해 ☐☐ ☐☐☐ 샀어요.

3. 내 사전에는 ☐☐☐☐☐ ☐☐☐ 없다.

4. 먹을 것이 없어서 ☐☐ ☐☐☐ 했어요.

5. 저도 비누로 손을 ☐☐☐ ☐☐☐☐.

6. 다현이가 ☐☐ ☐☐ 넣고 빨래를 하셨어요.

7. 선수들끼리 ☐☐ ☐☐☐☐ 일이 많아요.

8. 축구 경기장의 ☐☐☐☐☐ ☐ 거래요.

9. 서로 ☐☐ ☐☐☐ 원을 그리며 춤을 추어요.

10. ☐☐☐ ☐☐☐ 자유롭게 의견을 나누어요.

받아쓰기

글자 완성하기
들려주는 낱말을 잘 듣고 글자를 완성해 보세요.

1. 벼 ㄱ
2. 서 라
3. 수 이
4. ㅇ 절
5. ㅈ 료
6. ㄴ 림 보
7. ㅁ 마 른
8. ㅗ 족 한
9. 책 꼬 이
10. 해 ㅇ 여 행

낱말 받아쓰기
들려주는 낱말을 잘 듣고 받아쓰세요.

1.
2.
3.
4.
5.
6.
7.
8.
9.
10.

문장 완성하기   들려주는 문장을 잘 듣고 빈칸에 들어갈 말을 받아쓰세요.

1. ☐☐ ☐☐ 꼭 개구리같이 생겼네.

2. ☐☐ ☐☐☐ 겁을 먹고 달아났어요.

3. 우리나라는 ☐☐☐ ☐☐☐.

4. 우리나라는 휴대폰 ☐☐☐ ☐☐☐.

5. 북극여우와 사막여우는 ☐☐☐☐ ☐☐.

6. 열이 ☐☐☐ ☐☐☐☐ 않도록 해요.

7. 식사 전에는 ☐☐☐ ☐☐ 손을 씻어야 해요.

8. 우리나라는 ☐☐☐☐ ☐☐☐ 사용해요.

9. 정신이 ☐☐ ☐☐☐ 집중하기 어려워요.

10. 힘이 없어서 ☐☐☐ ☐☐☐ 할 수 없어요.

찾아보기

속담, 관용 표현 찾아보기

1주차 나의 문해력을 키워요!

ERI 독해가 문해력이다
2단계 심화

1회 아씨방 일곱 동무

학습 체크 리스트   ○나 ✕ 스티커를 붙이세요

- 학습 계획일에 맞춰 꾸준히 문해력을 향상시켰나요?

- 글을 잘 듣고 소리 내어 읽어 보았나요?

- 주어진 문제는 이해하고 잘 풀었나요?

스스로 칭찬하는 말 한마디를 써 보세요.

2회 안전하게 공놀이를 해요

학습 체크 리스트   ○나 ✕ 스티커를 붙이세요

- 학습 계획일에 맞춰 꾸준히 문해력을 향상시켰나요?

- 글을 잘 듣고 소리 내어 읽어 보았나요?

- 주어진 문제는 이해하고 잘 풀었나요?

스스로 칭찬하는 말 한마디를 써 보세요.

3회 달에 토끼가 살까요?

학습 체크 리스트   ○나 ✕ 스티커를 붙이세요

- 학습 계획일에 맞춰 꾸준히 문해력을 향상시켰나요?

- 글을 잘 듣고 소리 내어 읽어 보았나요?

- 주어진 문제는 이해하고 잘 풀었나요?

스스로 칭찬하는 말 한마디를 써 보세요.

4회 덩기덕, 두둥둥, 무슨 소리일까요?

학습 체크 리스트   ○나 ✕ 스티커를 붙이세요

- 학습 계획일에 맞춰 꾸준히 문해력을 향상시켰나요?

- 글을 잘 듣고 소리 내어 읽어 보았나요?

- 주어진 문제는 이해하고 잘 풀었나요?

스스로 칭찬하는 말 한마디를 써 보세요.

5회 더하기와 빼기

학습 체크 리스트   ○나 ✕ 스티커를 붙이세요

- 학습 계획일에 맞춰 꾸준히 문해력을 향상시켰나요?

- 글을 잘 듣고 소리 내어 읽어 보았나요?

- 주어진 문제는 이해하고 잘 풀었나요?

스스로 칭찬하는 말 한마디를 써 보세요.

1회 차별하지 마세요!

학습 체크 리스트

○ 나 ✖ 스티커를 붙이세요

💡 학습 계획일에 맞춰 꾸준히 문해력을 향상시켰나요?

💡 글을 잘 듣고 소리 내어 읽어 보았나요?

💡 주어진 문제는 이해하고 잘 풀었나요?

스스로 칭찬하는 말 한마디를 써 보세요.

2회 목화씨를 가져온 문익점

학습 체크 리스트

○ 나 ✖ 스티커를 붙이세요

💡 학습 계획일에 맞춰 꾸준히 문해력을 향상시켰나요?

💡 글을 잘 듣고 소리 내어 읽어 보았나요?

💡 주어진 문제는 이해하고 잘 풀었나요?

스스로 칭찬하는 말 한마디를 써 보세요.

3회 고양이는 사냥꾼

학습 체크 리스트

○ 나 ✖ 스티커를 붙이세요

💡 학습 계획일에 맞춰 꾸준히 문해력을 향상시켰나요?

💡 글을 잘 듣고 소리 내어 읽어 보았나요?

💡 주어진 문제는 이해하고 잘 풀었나요?

스스로 칭찬하는 말 한마디를 써 보세요.

4회 돌을 쌓아 만든 무덤, 피라미드

학습 체크 리스트

○ 나 ✖ 스티커를 붙이세요

💡 학습 계획일에 맞춰 꾸준히 문해력을 향상시켰나요?

💡 글을 잘 듣고 소리 내어 읽어 보았나요?

💡 주어진 문제는 이해하고 잘 풀었나요?

스스로 칭찬하는 말 한마디를 써 보세요.

5회 소리를 그림으로 그린 칸딘스키

학습 체크 리스트

○ 나 ✖ 스티커를 붙이세요

💡 학습 계획일에 맞춰 꾸준히 문해력을 향상시켰나요?

💡 글을 잘 듣고 소리 내어 읽어 보았나요?

💡 주어진 문제는 이해하고 잘 풀었나요?

스스로 칭찬하는 말 한마디를 써 보세요.

정답과 해설

한눈에 보는 정답
상세한 지문·문항 해설

ERI 독해가 문해력이다

2단계 심화

1주차 정답과 해설

한눈에 보는 답

1회 아씨방 일곱 동무
본문 15~16쪽

1 ③

2
(1) 옷감의 길이를 재는 일 — 자
(2) 옷감을 자르는 일 — 가위
(3) 옷감을 이어 주는 일 — 실
(4) 옷감의 모든 곳의 주름을 펴 주는 일 — 다리미

3 친구　**4** ③　**5** 바늘 / 실

6 예 ・서로 힘을 합쳐야 어려운 일도 해낼 수 있다는 걸 배웠습니다. / ・자신이 잘하는 것으로 다른 사람의 부족한 점을 채워 줄 수 있습니다. 등

2회 안전하게 공놀이를 해요
본문 21~22쪽

1 ①

2 ②

3 (1) ○ (3) ○

4 경고

5 주차장

6

3회 달에 토끼가 살까요?
본문 27~28쪽

1 ①

2 ④

3 그림자

4 ④

5 우주선

6

4회 덩기덕, 두둥둥, 무슨 소리일까요?
본문 33~34쪽

1 ④　**2** ⑤

3 기쁜 / 슬픈

4 가죽 / 가죽

5 (1) 채편 (2) 북편

6

5회 더하기와 빼기
본문 39~40쪽

1 ④　**2** (1) 덧셈 / + (2) 뺄셈 / −　**3** ⑤　**4** 노는 시간 / 숙제　**5** (2) ○

6

ERI지수 268　인문 | 문학

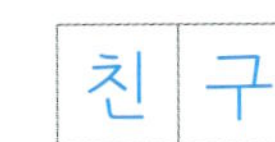

소리 내어 읽고 스티커를 붙여 보세요.

잘 듣고 읽어 보세요.

아씨방 일곱 동무

옛날에 옷을 잘 만드는 아씨가 있었어요. 아씨는 늦은 밤까지 일을 하다가 깜박 졸았어요. 그런데 소란스럽게 다투는 소리가 나지 않겠어요? 자, 가위, 바늘, 실, 인두, 다리미, 골무가 서로 자기가 최고라며 다투고 있었어요.

깜박: 눈이 잠깐 감겼다 뜨이는 모양
소란스럽게: 시끄럽고 어수선하게

옷을 만들 때 꼭 필요한 일곱 ㉠동무들이에요.

"옷감의 길이를 정확하게 재지 않으면 옷을 제대로 만들 수 없어." → '자'가 한 말

"그럼 뭐 해? 옷을 만들 때 옷감을 잘라야 하니 내가 제일이지." → '가위'가 한 말

"길이를 재서 잘라 놓은 옷감을 꿰매야* 옷을 만들 수 있지." → '바늘'이 한 말

"흥, 나 없이는 옷감을 꿰맬 수 없잖아. 내가 이어 주어야 옷이 되지." → '실'이 한 말

"내가 구석구석 옷감의 주름을 펴 주지 않으면 예쁘지 않아." → '인두'가 한 말

"인두 너는 구석만 펴 주지만 나는 모든 곳을 펴 주니 내가 제일 중요하지." → '다리미'가 한 말

가만히 듣고 있던 골무가 말했어요.

골무: 바느질할 때 손가락에 끼는 물건

"옷을 만들려면 우리 모두가 필요해. 그러니 서로 잘났다고 싸우지 말고 ㉡서로서로 힘을 합쳐야 해."

우리 모두: 일곱 동무
힘을 합쳐야 해: 여럿이 힘을 합치는 것을 '협동'이라고 함

＊꿰매야: 헤지거나 떨어진 것을 이어 주어야.

글의 내용 이해하기

1 이 글의 내용으로 알맞지 않은 것은 무엇입니까? (　③　)

① 일곱 동무는 옷을 만들 때 꼭 필요한 것들입니다.
② 아씨는 밤 늦게까지 일을 하다가 깜박 졸았습니다.
③ 아씨는 일곱 동무가 서로 다투는 것을 말렸습니다.
④ 일곱 동무들은 서로 자기가 최고라며 다투었습니다.
⑤ 일곱 동무는 자, 가위, 바늘, 실, 인두, 다리미, 골무입니다.

해설　아씨는 밤 늦게까지 일을 하다 깜박 졸았습니다. 그러다가 일곱 동무가 다투는 소리를 들었습니다. 동무들끼리 서로 자기가 잘났다고 다투는 것을 말린 것은 '골무'입니다.

내용 이해하고 활동하기

2 스티커 다음은 옷을 만들 때 필요한 일들입니다. 일곱 동무 중 누가 하는 일인지 쓰고, 알맞은 그림을 스티커에서 찾아 붙여 보세요.

(1) 옷감의 길이를 재는 일

| 자 |

(2) 옷감을 자르는 일

| 가 | 위 |

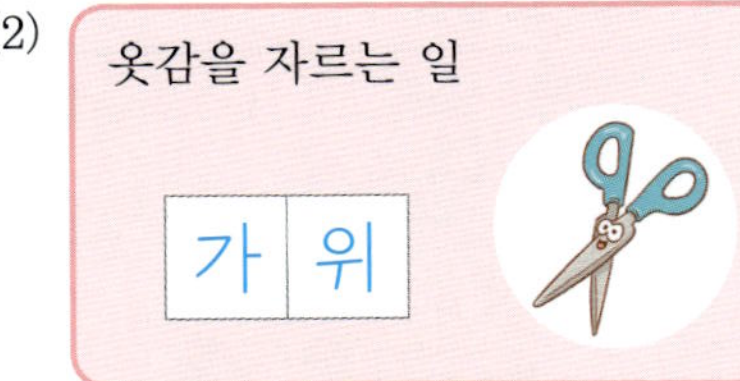

(3) 옷감을 이어 주는 일

| 실 |

(4) 옷감의 모든 곳의 주름을 펴 주는 일

| 다 | 리 | 미 |

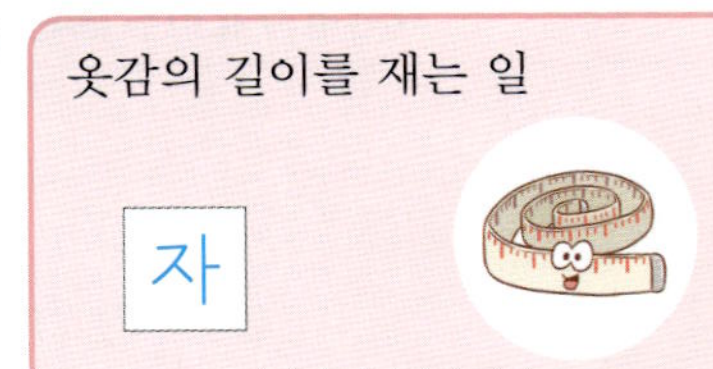

해설　'(1)–자, (2)–가위, (3)–실, (4)–다리미'입니다.

낱말 뜻 이해하기

해설　친하게 지내는 사람이라는 뜻의 '동무'는 가깝게 오래 사귄 사람이라는 뜻의 '친구'와 바꿔 쓸 수 있습니다.

3 ㉠'동무'와 바꿔 쓸 수 있는 말을 쓰세요.

| 친 | 구 |

4 ⓒ'서로서로 힘을 합쳐야 해.'처럼 어떤 일을 이루어 내기 위해 여럿이 힘을 합치는 것을 무엇이라고 합니까? (③)

① 필요 ② 중요 ③ 협동
④ 소란 ⑤ 최고

해설 ▷ 여럿이서 함께 힘을 합치는 것을 '협동'이라고 합니다. 아씨방 일곱 동무도 협동해서 일을 해야 옷을 만들 수 있습니다.

5 소매를 붙여 옷을 완성하려면 무엇과 무엇이 필요한지 빈칸에 들어갈 알맞은 말을 쓰세요.

| 바 | 늘 | 와/과 | 실 | 이/가 필요합니다.

해설 ▷ 옷감을 꿰매고 이어서 옷을 지으려면 '바늘'과 '실'이 필요합니다.

해설 ▷ 앞을 보지 못하는 친구와 걷지 못하는 친구는 둘 다 혼자서는 바깥에 나가는 일이 힘듭니다. 하지만 서로 힘을 합치면 바깥에 나가 즐거운 시간을 보낼 수 있습니다.

6 다음 이야기를 보고 느낀 점을 써 보세요.

예 • 서로 힘을 합쳐야 어려운 일도 해낼 수 있다는 걸 배웠습니다.

• 자신이 잘하는 것으로 다른 사람의 부족한 점을 채워 줄 수 있습니다. 등

어휘야 놀자~

흐리게 쓴 글자는 따라 쓰세요.

어휘 살찌우기

'옷'과 관련 있는 낱말을 알아보고 따라 써 봅니다.

옷장 옷을 넣어 두는 장.

| 옷 | 장 | 옷 | 장 | 옷 | 장 | 옷 | 장 |

옷차림 옷을 차려입은 모양.

| 옷 | 차 | 림 | 옷 | 차 | 림 | 옷 | 차 | 림 |

옷걸이 옷을 걸어 두는 도구.

| 옷 | 걸 | 이 | 옷 | 걸 | 이 | 옷 | 걸 | 이 |

도움말 ▷ '외래어'는 외국에서 들어온 말로 국어에서 널리 쓰이는 말입니다.

'옷'과 관련 있는 외래어를 알아보고 따라 써 봅니다.

외래어

조끼 소매가 없는 옷.

| 조 | 끼 | 조 | 끼 | 조 | 끼 | 조 | 끼 |

코트 추운 날씨에 겉옷 위에 입는 옷.

| 코 | 트 | 코 | 트 | 코 | 트 | 코 | 트 |

티셔츠 'T' 자 모양으로 생긴 셔츠.

| 티 | 셔 | 츠 | 티 | 셔 | 츠 | 티 | 셔 | 츠 |

스웨터 털실로 두툼하게 짠 윗옷.

| 스 | 웨 | 터 | 스 | 웨 | 터 | 스 | 웨 | 터 |

ERI 지수 328　사회 | 역사

소리 내어 읽고 스티커를 붙여 보세요.

읽었어요!

잘 듣고 읽어 보세요.

안전하게 공놀이를 해요

"애들아, 우리 컴퓨터 게임은 그만하고 밖에 나가서 공놀이하자."

생일 선물로 아빠가 사 주신 새 축구공을 가지고 놀 생각에 나는 마음이 설레었어요.

신발을 신고 있는데 엄마가 말씀하셨어요.

"재밌게 놀아라. 하지만 위험한 곳에서는 절대로 공놀이하면 안 돼."
재미있게 / 안전하지 못한 / 어떤 일이 있어도

우리는 뛰어가다가 집 앞 주차장에 자동차가 두 대뿐인 걸 보았어요.
나와 친구들

"지금 자동차가 별로 없네. 우리 여기서 하자."
집 앞 주차장

주차장 한쪽에는 경고 안내판이 세워져 있었어요.
조심하거나 삼가도록 미리 주는 주의

'이곳에서 놀면 위험해요!'
주차장

하지만 안내판은 당장 공놀이를 하고 싶은 우리를 제지하지 못했어요.
말려서 하지 못하게 함

나는 새 축구공을 꺼내 친구들을 향해 힘껏 찼어요.

바로 그때, 마침 주차장으로 들어오던 택배 자동차 앞으로 공이 굴러갔어요.
기회에 딱 맞게

자동차도, 공을 쫓아 달려가던 나와 친구들도 깜짝 놀라서 멈춰 섰어요.

택배 기사님이 자동차에서 내려 공을 주워 주며 엄한 목소리로 말했어요.
무서울 만큼 강한

"애들아, 저기 경고 안내판을 잘 보렴. 여기는 자동차가 많이 드나드는 곳이라서 위험하단다. 마을 앞에 있는 공원 놀이터에 가서 공놀이하렴."

㉠"네, 알겠습니다."

우리는 기사님께 잘못했다고 말씀드리고 공원 쪽으로 뛰어갔어요.

---

1 이 글의 내용으로 알맞지 않은 것은 무엇입니까? (　①　)

① '나'는 생일날 친구들로부터 축구공 선물을 받았습니다.
② 택배 기사님은 갑자기 굴러온 축구공 때문에 깜짝 놀랐습니다.
③ '나'는 공놀이하기 전에 집에서 친구들과 컴퓨터 게임을 했습니다.
④ 택배 기사님의 말씀을 듣고 나서 '나'와 친구들은 사과를 드렸습니다.
⑤ '나'와 친구들은 공놀이하고 싶은 마음에 경고 안내판을 무시했습니다.

해설 '나'에게 생일 선물로 축구공을 사 주신 분은 아빠입니다.

세부 내용 이해하기

2 주차장 한쪽에 세워져 있던 경고 안내판의 내용은 무엇입니까? (　②　)

① 속도를 줄이세요!
② 이곳에서 놀면 위험해요!
③ 쓰레기를 버리지 마세요!
④ 이쪽으로 다니지 마세요!
⑤ 시끄럽게 떠들지 마세요!

해설 아이들은 '이곳에서 놀면 위험해요!'라고 적힌 경고 안내판을 보고도 주차장에서 공놀이를 하였습니다.

내용 이해하고 추론하기

3 ㉠"네, 알겠습니다." 뒤에 이어서 할 말로 알맞은 것에 모두 ○표 하세요.

(1) "앞으로는 위험한 곳에서 놀지 않을게요."　(　○　)

(2) "앞으로는 경고 안내판을 잘 치우고 놀게요."　(　　)

(3) "앞으로는 주차장에서 공놀이하지 않을게요."　(　○　)

(4) "앞으로는 주차장에 차가 들어오지 않을 때만 공놀이할게요."　(　　)

해설 아이들은 잘못을 깨닫고 앞으로는 위험한 곳에서 놀지 않겠다고 말을 할 것입니다.

4 빈칸에 들어갈 알맞은 말을 이 글에서 찾아 쓰세요.

위험하므로 조심하라고 알리는 것을 경 고 (이)라고 합니다.

해설 주차장 한쪽에는 '이곳에서 놀면 위험해요!'라는 경고 안내판이 있었습니다.

5 빈칸에 들어갈 알맞은 말을 이 글에서 찾아 쓰세요.

택배 기사님은 차가 많이 드나드는 주 차 장 에서 노는 것은 위험 하다고 말했습니다.

해설 택배 기사님은 자동차가 많이 드나드는 주차장에서 노는 것은 위험하다며, 마을 앞에 있는 공원 놀이터에 가서 공놀이하라고 말씀하셨습니다.

해설 반려동물을 데리고 공원을 산책하거나 쓰레기를 버릴 때, 정해진 규칙을 잘 지키면 깨끗한 공원이 만들어질 것입니다.

6 스티커 다음의 장소에는 어떤 안내판을 붙이면 좋을지 스티커에서 찾아 붙여 보세요.

흐리게 쓴 글자는 따라 쓰세요.

어휘야 놀자~

높임말

우리말에는 높임의 뜻이 있는 낱말이 있습니다. 웃어른께 쓰는 낱말을 알아보고 따라 써 봅니다.

생일 — 생신　생 신

나이 — 연세　연 세

이름 — 성함　성 함

자다 — 주무시다　주 무 시 다

먹다 — 잡수시다　잡 수 시 다

한자어

한자어를 소리 내어 읽고 따라 써 봅니다.

생 일
날 생 生 + 날 일 日

세상에 태어난 날.

生 日
날 생　날 일

생명
生 + 命
날 생　목숨 명

휴일
休 + 日
쉴 휴　날 일

ERI 지수 285 과학 | 자연

소리 내어 읽고
스티커를 붙여 보세요.

읽었어요!

잘 듣고
읽어 보세요.

달에 토끼가 살까요?

옛날 사람들은 달에 토끼가 살고 있다고 생각했어요.

토끼가 하얀 **쪽배**를 타고 은하수를 건넌다는 노래도 있어요.
조각배. 작은 배

보름달을 보면 달에 토끼 모양이 보이기 때문이에요.
둥근달

하지만 달에는 토끼가 살지 않아요.

1969년에 **우주선**을 타고 달에 다녀온 사람들이 있어요.
우주를 날 수 있도록 만든 비행 물체

그 사람들이 달에 토끼가 살지 않는다고 알려 주었어요.
우주 비행사들

그러면 왜 달에서 토끼 모양이 보인다고 했을까요?

달의 **겉**은 울퉁불퉁해요.*
물체의 바깥 부분

달의 울퉁불퉁한 곳에 그림자가 생기면 어두운 부분과 밝은 부분이 보여요.

이때, 어두운 부분은 마치 어떤 **사물**이나 동물처럼 보여요.
세상의 온갖 것

어떤 나라 사람들은 **그** 모양이 사자 같다고 생각했어요.
달의 어두운 부분

어떤 나라 사람들은 책 읽는 사람 같다고 생각했고요.

또 어떤 나라 사람들은 게 같다고 생각했지요.

하지만 우리나라와 중국 사람들은 그 모양이 토끼 같다고 생각한 거예요.

＊울퉁불퉁: 물체의 면이 고르지 않게 여기저기 몹시 나오고 들어간 모양.

---

1 이 글의 내용으로 알맞은 것은 무엇입니까? (①   )

① 달의 겉은 울퉁불퉁합니다.
② 달에는 여러 동물이 삽니다.
③ 달에는 우주선이 못 갑니다.
④ 아직 아무도 달에 다녀오지 못했습니다.
⑤ 달의 밝은 부분은 항상 사자처럼 보입니다.

해설 ▸ 달의 겉은 울퉁불퉁하다고 했습니다. 1969년에 우주선을 타고 달에 다녀온 사람들이 있습니다.

세부 내용 이해하기

2 옛날 사람들이 달에 토끼가 산다고 생각한 까닭은 무엇입니까? (④   )

① 달에 토끼가 살기 때문입니다.
② 달에는 숲이 있기 때문입니다.
③ 달에 토끼 그림을 그렸기 때문입니다.
④ 달의 어두운 부분이 토끼처럼 보이기 때문입니다.
⑤ 달에는 호랑이 같은 무서운 동물이 없기 때문입니다.

해설 ▸ 달의 울퉁불퉁한 곳에 그림자가 생겨 어두운 부분과 밝은 부분이 보이는데, 어두운 부분이 마치 토끼 모양처럼 보인다고 했습니다.

세부 내용 이해하기

3 다음 빈칸에 들어갈 알맞은 말을 이 글에서 찾아 쓰세요.

달의 울퉁불퉁한 곳에 **그 림 자** 이/가 생기면 어두운 부분과 밝은 부분이 보입니다.

해설 ▸ 그림자 때문에 달에 생긴 어두운 부분이 마치 어떤 사물이나 동물처럼 보이는 것입니다.

4 달의 어두운 부분을 보고 사람들이 생각한 것이 아닌 것은 무엇입니까? (④)

① 게 같다.
② 사자 같다.
③ 토끼 같다.
④ 우주선 같다.
⑤ 책 읽는 사람 같다.

해설 ▸ 우주선을 타고 달에 다녀온 것이지 우주선 모양 같다고 생각한 것은 아닙니다.

5 빈칸에 들어갈 알맞은 말을 이 글에서 찾아 쓰세요.

우	주	선

을/를 타고 달에 다녀온 사람들이 달에 토끼가 살지 않는다고 알려 주었습니다.

해설 ▸ 1969년에 우주선을 타고 달에 다녀온 사람들이 달에 토끼가 살지 않는다고 알려 주었습니다.

6 스티커 달의 모양에 따라 어떻게 부르는지 이름을 쓰고, 알맞은 달의 모양을 스티커에서 찾아 붙여 보세요.

해설 ▸ 한 달 동안 달은 커졌다 작아졌다 합니다. 초승달과 그믐달은 반대 모양을 하고 있습니다.

28 ERI 독해가 문해력이다

어휘야 놀자~

흐리게 쓴 글자는 따라 쓰세요.

어휘 살찌우기

'타다'는 글자는 같은데 뜻이 다른 낱말로 쓰입니다. 낱말의 뜻을 알아보고 따라 써 봅니다.

타다 올라앉아 이동하다.

버	스	를	타	다

타다 상 등을 받다.

상	을	타	다

타다 섞거나 녹이다.

물	에	꿀	을	타	다

타다 불이 붙어서 불길이 일어나다.

산	이	불	에	타	다

순우리말

'달'과 관련 있는 순우리말을 알아보고 따라 써 봅니다.

달밤 달이 떠서 밝은 밤.

달	밤

달빛 달이 비치는 빛.

달	빛

달무리 달 둘레에 생기는 하얀색 고리 모양의 띠.

달	무	리

달맞이 달이 뜨기를 기다려 맞이하는 것.

달	맞	이

ERI지수 344 예술 | 문화

소리 내어 읽고 스티커를 붙여 보세요.

읽었어요!

잘 듣고 읽어 보세요.

덩기덕, 두둥둥, 무슨 소리일까요?

먼 옛날부터 우리 조상들은 악기를 만들어 음악을 연주했습니다. 마을에
대대의 어른   악기로 음악이나 곡을 표현하는 것
기쁜 일이 있을 때나 슬픈 일이 있을 때 모여서 악기를 연주했지요.

악기들은 흙, 대나무, 가죽, 돌, 나무 등으로 만들었습니다. 모두 자연에서
          악기를 만드는 재료들
얻은 재료들로 만들었지요. 이러한 재료로 만든 우리 악기 중에는 북과 장구
      물건을 만들 때 쓰이는 것
가 있어요.

북과 장구는 둘 다 가죽으로 만든 악기입니다. 옛날 사람들은 동물의 가죽
을 말린 뒤에 동그란 나무통에 씌워 북을 만들었습니다. 이렇게 만든 북은
                  나무로 만든 통
두드리면 "두둥둥." 소리를 냅니다.

장구는 큰 나무통 두 개와 그 사이에 작은 통 한 개를 붙여 만들었습니다.
두 개의 큰 나무통에는 가죽을 씌워서 채와 손으로 두드려 소리를 냅니다.
일반적으로 손바닥으로 치는 장구의 왼쪽을 북편이라고 합니다. 그리고 채로
대부분, 보통   낮은 소리가 나는 쪽
치는 장구의 오른쪽을 채편이라고 합니다. 이렇게 만든 장구는 "덩기덕 쿵따
                  높은 소리가 나는 쪽
라라." 소리를 냅니다.

우리 조상들은 북을 울리고 장구를 치며 모두 어울려 덩실덩실 춤을 추며
놀았습니다.

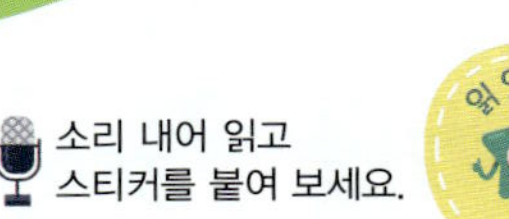

글의 내용 이해하기

1 이 글의 내용으로 알맞지 <u>않은</u> 것은 무엇입니까? (④)

① 북과 장구는 두드리거나 쳐서 소리를 냅니다.

② 우리 조상들은 모여서 악기를 연주하며 놀았습니다.

③ 북과 장구는 동물의 가죽을 사용해 만든 악기입니다.

④ 먼 옛날의 우리 조상들은 악기를 만들 줄 몰랐습니다.

⑤ 우리 조상들은 자연에서 얻은 재료로 악기를 만들었습니다.

해설 먼 옛날부터 우리 조상들은 악기를 만들어 연주했습니다. 그리고 마을에 기쁜 일이 있을 때나 슬픈 일이 있을 때 모여서 악기를 연주했습니다.

세부 내용 이해하기

2 우리 조상들이 만든 악기의 재료로 쓰이지 <u>않은</u> 것은 무엇입니까? (⑤)

① 흙

② 돌

③ 나무

④ 가죽

⑤ 유리

해설 우리 조상들은 자연에서 얻은 재료인 흙, 대나무, 가죽, 돌, 나무 등으로 악기를 만들었습니다.

세부 내용 이해하기 해설 기분이 좋은 기쁜 일이나 울고 싶을 만큼 마음이 아픈 슬픈 일이 있을 때 우리 조상들은 모여서 악기를 연주했습니다.

3 빈칸에 들어갈 알맞은 말을 이 글에서 찾아 쓰세요.

우리 조상들은 마을에 | 기 | 쁜 | 일이나 | 슬 | 픈 | 일이 있을 때 모여

서 악기를 연주했습니다.

4 '북'을 만드는 과정에 맞게 빈칸에 공통으로 들어갈 말을 쓰세요.

동물의 **가 죽** 을/를 말립니다. → 동그란 나무 통 하나를 만듭니다. → 말린 **가 죽** 을/를 나무통에 씌웁니다.

해설 옛날 사람들은 동물의 가죽을 말린 뒤에 동그란 나무통에 씌워 북을 만들었다고 하였습니다. 북에는 나무통 한 개가 필요하고, 장구에는 큰 나무통 두개와 작은 통 한 개가 필요합니다.

5 다음 그림을 보고 ㉠과 ㉡을 무엇이라고 하는지 보기 에서 찾아 쓰세요.

보기
• 채편　• 북편

(1) ㉠: **채 편**

(2) ㉡: **북 편**

해설 손바닥이나 둥근 나무로 치는 왼쪽을 북편, 가는 채로 치는 오른쪽을 채편이라고 합니다.

6 스티커 다음은 어떤 악기가 내는 소리를 흉내 낸 말인지 스티커에서 찾아 붙이고, 악기 이름을 쓰세요.

(1)

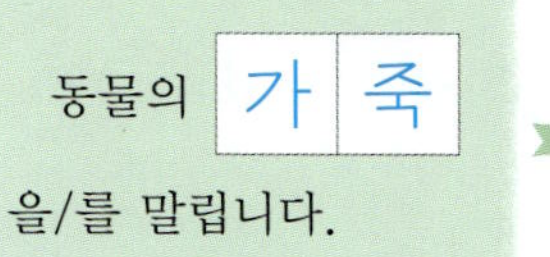

장 구

(2)

북

해설 '덩기덕 쿵따라라'와 '두둥둥'은 장구나 북을 두드릴 때 나는 소리입니다.

 **어휘야 놀자~**

흐리게 쓴 글자는 따라 쓰세요.

어휘 살찌우기

'장구'와 '북' 이외에 우리나라 전통 악기에는 무엇이 있는지 알아보고 따라 써 봅니다.

한자어

한자어와 우리말이 합쳐진 낱말을 따라 써 봅니다.

사물놀이
넷 사 四 + 만물 물 物 + 놀이

네 사람이 각각 꽹과리, 징, 장구, 북을 가지고 어울려 앉아서 치는 놀이.

四 物
넷 사　만물 물

풍물놀이
바람 풍 風 + 만물 물 物 + 놀이

농촌에서 농부들이 나팔, 징, 꽹과리, 북, 장구 따위를 불거나 치면서 노는 놀이.

風 物
바람 풍　만물 물

ERI지수 253 STEAM

더하기와 빼기

선생님이 오늘은 ㉠덧셈과 뺄셈을 배운다고 하셨어요.

이 문제를 풀어 보렴.

선생님은 칠판에 문제를 적었어요.

5 더하기 5는 10, 5 빼기 3은 2예요.

선생님은 잘했다고 칭찬하셨어요. 그리고 더하기는 처음보다 더 많아지고 빼기는 더 적어지는 것이라고 <u>설명</u>하셨어요.
이해하기 쉽게 풀어서 알려 주는 것

저는 더하기만 하면 좋겠어요. 많아지는 건 좋으니까요.

정말 그럴까? <u>미세 먼지</u>가 어제보다 더 많아져도 괜찮을까? 반대로 미세 먼지가 줄어드는 건 어때?
눈에 보이지 않을 정도로 작은 먼지

아하! 많아진다고 <u>무조건</u> 좋아지는 건 아니네요?
아무 이유 없이

그래. 어떤 것은 더해지면 좋지만, 어떤 것은 빼는 게 좋은 것도 있지.

선생님은 ㉡무엇을 더하고 무엇을 빼면 좋을지를 좀 더 생각해 보자고 하셨어요.

노는 시간은 <u>많아지고</u>, 숙제는 <u>줄어들었으면</u> 좋겠어요.
더하고   빼면

그럼, 노는 시간을 더하고 숙제는 뺄 수 있는 <u>방법</u>을 찾아볼까?
무엇을 이루기 위한 방식

글의 내용 이해하기

1 이 글의 내용으로 알맞지 <u>않은</u> 것은 무엇입니까? (④)

① 선생님이 문제를 내서 풀게 하셨습니다.
② 오늘은 덧셈과 뺄셈을 배우는 날입니다.
③ 아이는 노는 시간이 많아지기를 바랍니다.
④ 선생님은 숙제를 안 내 주신다고 하셨습니다.
⑤ 아이들은 무엇을 빼고 무엇을 더하면 좋을지 생각해 보았습니다.

해설 선생님은 숙제를 뺄 수 있는 방법을 찾아보자고 하셨지 숙제를 안 내 주신다고 한 것은 아닙니다.

글의 내용 적용하기

2 다음 문제의 빈칸에 들어갈 알맞은 것을 보기 에서 찾아 쓰세요.

보기   •덧셈   •뺄셈   •+   •−

(1) '5 더하기 5는 10'은 덧 셈 입니다. ➡ '5 + 5 = 10'이라고 씁니다.

(2) '5 빼기 3은 2'는 뺄 셈 입니다. ➡ '5 − 3 = 2'라고 씁니다.

해설 덧셈은 더하기와 같은 뜻이고, '+'라고 표시합니다. 뺄셈은 빼기와 같은 뜻이고 '−'라고 표시합니다.

세부 내용 이해하기

3 ㉠'덧셈과 뺄셈'에 대한 내용으로 알맞지 <u>않은</u> 것은 무엇입니까? (⑤)

① 5+5=10
② 5 빼기 3은 2입니다.
③ 빼기는 처음보다 적어지는 것입니다.
④ 더하기는 처음보다 많아지는 것입니다.
⑤ 덧셈은 처음보다 더 적어지는 것입니다.

해설 더하기(덧셈)는 가지고 있는 것에 더한다는 뜻이므로 처음보다 더 커지거나 많아지는 것입니다.

4 ㉡에 대해 아이는 어떤 대답을 하였는지 빈칸에 들어갈 알맞은 말을 이 글에서 찾아 쓰세요.

> " 노　는　시　간 은/는 많아지고, 숙　제 은/는 줄어들었으면 좋겠어요. "

해설 선생님은 무엇을 더하고 무엇을 빼면 좋을지를 좀 더 생각해 보자고 하셨습니다. 이에 아이는 "노는 시간은 많아지고, 숙제는 줄어들었으면 좋겠어요."라고 말했습니다.

내용 이해하고　추론하기

5 다음 친구들의 대화를 읽고, 맞는 내용에 ○표 하세요.

(1) 숙제가 줄어들게 하는 방법에 대해 이야기하고 있습니다.　（　　　）

(2) 노는 시간이 많아지게 하는 방법에 대해 이야기하고 있습니다.　（　○　）

해설 정해진 일을 주어진 시간 안에 하면 남는 시간으로 더 놀 수 있을 것이라는 대화입니다. 그러므로 노는 시간이 많아지게 하는 방법에 대한 대화라고 할 수 있습니다.

내용 이해하고　활동하기　해설 엄마가 주기로 한 간식의 개수와 아이가 받은 간식의 개수를 비교하여 부족한 개수만큼의 간식을 붙여 주면 됩니다.

6 스티커 엄마가 말한 대로 아이들은 간식을 받습니다. 어떤 간식을 몇 개씩 더 주면 되는지 스티커에서 찾아 붙여 보세요.

흐리게 쓴 글자는 따라 쓰세요.

어휘야 놀자~

잘못 쓰기 쉬운 말

낱말을 쓸 때 잘못 쓰기 쉬운 낱말이 있습니다. 바르게 쓴 낱말을 잘 보고 따라 써 봅니다.

덧셈 ◎	덛샘 ✖	→ 덧　셈　덧　셈
뺄셈 ◎	뻴셈 ✖	→ 뺄　셈　뺄　셈
빼기 ◎	뻬기 ✖	→ 빼　기　빼　기
괜찮다 ◎	괜찬타 ✖	→ 괜　찮　다　괜　찮　다
무조건 ◎	무조껀 ✖	→ 무　조　건　무　조　건

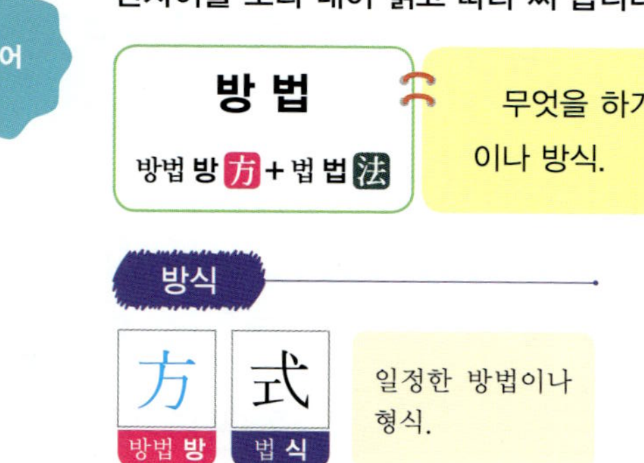

한자어

한자어를 소리 내어 읽고 따라 써 봅니다.

방법 방법 방 方 + 법 법 法 　ᄃ 무엇을 하거나 이루기 위한 수단이나 방식. 方 法 / 방법 방 / 법 법

방식 方 式 일정한 방법이나 형식. 방법 방 / 법 식

법칙 法 則 반드시 지켜야 하는 것. 법 법 / 법 칙

ERI 독해가 문해력이다

2단계 심화

2주차 정답과 해설

한눈에 보는 답

1회 차별하지 마세요!
본문 47~48쪽

1 ④   2 ③   3 ✕   4 됨됨이   5 ②

6 예 • 못생기거나 키가 작다는 이유로 친구를 차별했습니다.
· 친구들 앞에서 창피하게 만들었습니다. 등

2회 목화씨를 가져온 문익점
본문 53~54쪽

1 (1) 1 (2) 3 (3) 2
2 ③
3 날씨
4 (1) — ㉡ (2) — ㉠ (3) — ㉢
5 목화솜

6 

3회 고양이는 사냥꾼
본문 59~60쪽

1 ②   2 ②   3 ④   4 ①   5 (1) ○ (2) ○

6 예 고양이가 / 예 양말 속으로 들어가요. / 예 이런 장난꾸러기.

4회 돌을 쌓아 만든 무덤, 피라미드
본문 65~66쪽

1 피라미드   2 (○)(○)( )   3 ⑤   4 높게   5 (3) ○

6 (1) ○

5회 소리를 그림으로 그린 칸딘스키
본문 71~72쪽

1 ②   2 ④   3 감동   4 ②

5 예    6 예 

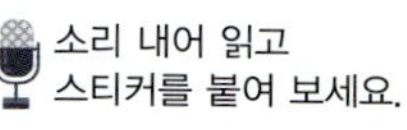

소리 내어 읽고 스티커를 붙여 보세요.

읽었어요!

잘 듣고 읽어 보세요.

차별하지 마세요!

옛날 중국에 많은 제자를 둔 공자라는 사람이 있었어요. 당시에는 태어난
바로 그 시대. 공자가 살던 시대
신분에 따라 사람을 차별하는 것이 당연한 시대였어요. 하지만 공자는 사람
그럴 수밖에 없던
의 됨됨이를 더 중요하게 생각했지요. 공자가 아끼는 제자 중에는 신분이 낮
어떤 사람의 마음가짐과 태도
은 사람이 있었어요. 그런데 신분이 높은 제자 중에서 이를 좋지 않게 생각
공자가 신분이 낮은 제자를 아끼는 것을
하는 사람들이 있었어요.

어느 날, 공자는 제자들을 데리고 농사일로 바쁜 들판으로 갔어요.
넓은 들

그곳에는 농부와 부지런히 밭을 갈고 있는 두 마리의 소가 있었어요. 한 마
리는 몸집이 크고 검은색 털이 반짝반짝 빛났어요. 다른 한 마리는 몸집이
작고 털이 얼룩덜룩한 소예요. 겉모습은 달랐지만 두 소 모두 일을 잘해서
농부는 두 소를 모두 자랑스러워했어요.

이때, 공자는 검은색 털을 가진 소를 가리키며 제자들에게 말했어요.

"일은 둘 다 잘하지만 보기에 좋은 저 소가 훨씬 훌륭하지?"
능력은 같지만   겉모습이 좋아 보이는

그 말을 들은 제자들은 둘 다 훌륭한 소라고 말했어요. 겉모습만 보고 차
별하면 안 된다고도 했어요. 그러자 공자는 고개를 끄덕이며 사람도 마찬가
지라고 말했어요. 그제서야 제자들은 공자가 이곳으로 자신들을 데려온 이유
서로 똑같다는 뜻. 겉모습만 보고 차별하면 안 된다는 뜻
를 알아차렸어요. 신분에 따라 사람을 차별했던 ㉠제자들은 부끄러워 고개
를 숙였답니다.

---

1 이 글의 내용으로 알맞지 않은 것은 무엇입니까? (④)

① 공자의 제자 중에는 신분이 낮은 사람도 있었습니다.
② 일하고 있는 소 두 마리의 생김새는 매우 달랐습니다.
③ 옛날 중국에서는 태어난 신분에 따라 사람을 차별했습니다.
④ 공자는 다른 사람들처럼 신분에 따라 사람을 차별했습니다.
⑤ 제자들은 소의 겉모습만 보고 차별하면 안 된다고 했습니다.

해설 공자는 사람을 신분에 따라 차별하지 않고 사람의 됨됨이를 중요하게 생각했습니다.

2 공자가 제자들을 데리고 들판으로 간 까닭은 무엇이겠습니까? (③)

① 열심히 일하는 소들을 보고 공부를 열심히 하기를 바랐기 때문입니다.
② 농사를 지을 때는 소가 꼭 필요하다는 것을 알려 주고 싶었기 때문입니다.
③ 제자들에게 신분이 중요한 것이 아님을 깨닫게 해 주고 싶었기 때문입니다.
④ 들판에서 일을 하는 것이 얼마나 힘든지를 깨닫게 해 주고 싶었기 때문입니다.
⑤ 농부가 자신의 소들을 얼마나 자랑스럽게 여기는지를 알려 주고 싶었기 때문입니다.

해설 신분이 낮은 사람을 차별했던 제자들에게 신분이 중요한 것이 아님을 깨닫게 해 주고 싶었기 때문입니다.

해설 신분이 낮은 사람은 겉으로 보았을 때 몸집이 작고 털이 얼룩덜룩한 소와 비교한 것이고, 신분이 높은 사람은 겉으로 보았을 때 몸집이 크고 검은색 털이 빛나는 소와 비교한 것입니다.

3 공자는 사람과 소를 어떻게 비교한 것인지 서로 관련 있는 것끼리 줄(–)로 이으세요.

(1) 신분이 낮은 사람 ·   · 몸집이 크고 검은색 털이 반짝반짝 빛나는 소

(2) 신분이 높은 사람 ·   · 몸집이 작고 털이 얼룩덜룩한 소

어휘야 놀자~

세부 내용 이해하기

4 공자는 사람에게 가장 중요한 것은 무엇이라고 생각했는지 이 글에서 찾아 쓰세요.

사람의 | 됨 | 됨 | 이 |

해설 공자는 타고 태어난 신분보다는 사람의 됨됨이가 더 중요하다고 생각했습니다. '됨됨이'란 '사람으로서 지니고 있는 품성이나 인격'을 말합니다.

세부 내용 이해하기

5 ㉠'제자들은 부끄러워 고개를 숙였답니다.'에서 제자들이 부끄러워한 까닭은 무엇입니까? (②)

① 공자의 말을 잘 따랐기 때문에

② 신분이 낮은 사람을 차별했기 때문에

③ 농부의 일을 도와주지 않았기 때문에

④ 신분이 낮은 사람을 더 아꼈기 때문에

⑤ 소를 잘나고 못난 소로 구분했기 때문에

해설 그동안 신분이 낮은 사람을 차별하였던 제자들은 자신들의 행동이 잘못되었다는 것을 알고 부끄러워했던 것입니다.

배경지식 활용하여 추론하기 해설 친구들과 지낼 때 나쁜 점을 지적하거나 친구의 약점을 말하며 다른 친구들과 차별하는 행동은 옳지 못한 행동입니다.

6 사탕을 나눠 주는 아이의 행동은 무엇이 잘못되는지 써 보세요.

예 • 못생기거나 키가 작다는 이유로 친구를 차별했습니다.

• 친구들 앞에서 창피하게 만들었습니다. 등

우리말에는 쓰임이 헷갈리는 낱말이 있습니다. 정확한 낱말의 뜻을 알아보고 따라 써 봅니다.

헷갈리는 우리말

가리키다 '손가락 따위로 방향이나 어떤 대상을 꼭 집어서 나타내다.'라는 뜻입니다.

| 가 | 리 | 키 | 다 |
| 가 | 리 | 키 | 다 |

예 내가 가리키는 꽃을 잘 봐.

가르치다 '모르는 것을 알게 하거나 익히게 하다.'라는 뜻입니다.

| 가 | 르 | 치 | 다 |
| 가 | 르 | 치 | 다 |

예 선생님이 한글을 가르치는 중이셔.

한자어를 소리 내어 읽고 따라 써 봅니다.

한자어

차 별 어긋날 차 差 + 다를 별 別

높고 낮음이나 차이에 따라 구별함.

差 어긋날 차 別 다를 별

차이 差 어긋날 차 異 다를 이 서로 같지 않고 다름.

별명 別 다를 별 名 이름 명 이름 대신 부르는 이름.

목화씨를 가져온 문익점

　고려 시대에 문익점이라는 사람이 살았어요. 문익점은 왕의 심부름으로 중국에 갔다가 길가에 피어 있는 목화를 보았어요. 목화에는 하얀 솜이 달려 있었어요. 중국 사람들은 이 하얀 솜으로 만든 따뜻한 옷을 입고 있었지요.

　'우리나라에도 목화가 있다면 따뜻한 옷을 입을 수 있을 텐데!'

　문익점은 목화씨를 가지고 고향에 돌아왔어요. 목화씨를 땅에 심고 정성껏 길렀어요. 그러나 목화를 기르는 일은 매우 어려웠어요. 중국과 날씨가 달랐기 때문이에요.

　마침내 목화씨 한 개에서 싹이 돋아 나무로 자랐어요. 그리고 그 나무에서 여러 개의 하얀 목화송이가 피었어요. 문익점은 목화 나무를 아주 소중하게 길렀어요. 3년째 되던 해에는 목화송이가 엄청 많아졌어요. 그래서 목화씨를 마을 사람들에게 나누어 주었어요.

　"자, 목화 나무를 길러 우리도 따뜻한 솜옷을 입읍시다!"

　문익점은 목화 나무 기르는 방법을 전국에 알렸어요. 이때부터 고려 사람들도 목화솜으로 만든 따뜻한 옷을 입게 되었지요.

심부름: 시킨 일을 하는 것
길가: 길 양쪽 가장자리
목화씨: 목화의 씨
목화송이: 목화가 익어 피어난 송이
소중하게: 매우 귀하게
솜옷: 안에 솜을 두어 만든 옷
전국: 한 나라의 전체
목화솜: 목화에서 씨를 빼고 얻은 솜

글의 내용 이해하기

1 일이 일어난 순서대로 번호를 쓰세요.

(1)　문익점은 왕의 심부름으로 중국에 갔습니다.　　　(1)

(2)　고려 사람들은 따뜻한 솜옷을 입게 되었습니다.　(3)

(3)　문익점은 목화씨를 가지고 고향으로 돌아왔습니다.　(2)

해설 ▶ 문익점은 중국 사람들이 따뜻한 솜옷을 입고 있는 것을 보았습니다. 그래서 목화씨를 고려로 가져와 우리나라 사람들도 따뜻한 솜옷을 입게 되기를 바랐습니다. 이런 문익점 덕분에 고려 사람들도 따뜻한 옷을 입게 되었습니다.

글의 내용 이해하기

2 문익점에 대한 설명으로 알맞지 <u>않은</u> 것은 무엇입니까? (③)

① 중국에 다녀왔습니다.
② 고려 시대의 사람입니다.
③ 목화씨를 싼값에 팔았습니다.
④ 목화 나무를 정성껏 길렀습니다.
⑤ 목화 나무 기르는 방법을 전국에 알렸습니다.

해설 ▶ 문익점은 정성껏 목화 나무를 기르고, 기른 지 3년째 되던 해에 목화씨를 마을 사람들에게 나누어 주었습니다.

세부 내용 이해하기

3 빈칸에 들어갈 알맞은 말을 이 글에서 찾아 쓰세요.

　문익점은 목화씨를 땅에 심었습니다. 하지만 중국과 [날][씨] 이/가 다른 고려에서는 목화씨가 잘 자라지 못했습니다.

해설 ▶ 문익점이 가져온 목화씨는 우리나라(고려)가 중국과 날씨가 달라서 처음에는 잘 자라지 못했습니다.

낱말 뜻 이해하기

4 뜻이 서로 반대인 말을 찾아 줄(–)로 이으세요.

(1) 가다 — ㉢ 춥다
(2) 입다 — ㉠ 벗다
(3) 따뜻하다 — ㉡ 오다

> 해설 '가다 ↔ 오다', '입다 ↔ 벗다', '따뜻하다 ↔ 춥다'는 서로 뜻이 반대인 말입니다.

세부 내용 이해하기

5 빈칸에 들어갈 알맞은 말을 이 글에서 찾아 쓰세요.

> 문익점은 목화 나무 기르는 방법을 전국에 알려 주었습니다. 그 덕분에 고려 사람들은 **목 화 솜** (으)로 만든 옷을 입고 겨울을 따뜻하게 지낼 수 있게 되었습니다.

> 해설 고려 사람들은 목화에서 나온 목화솜으로 따뜻한 솜옷을 만들어 입게 되면서 겨울을 따뜻하게 보내게 되었습니다.

배경지식 활용하여 추론하기

> 해설 '목화꽃이 핌 → 꽃이 떨어지면 열매가 생김 → 열매가 터지고 하얀 솜이 나옴'의 순서입니다.

6 스티커 목화꽃에서 목화솜이 되는 과정에 알맞은 그림을 스티커에서 찾아 붙여 보세요.

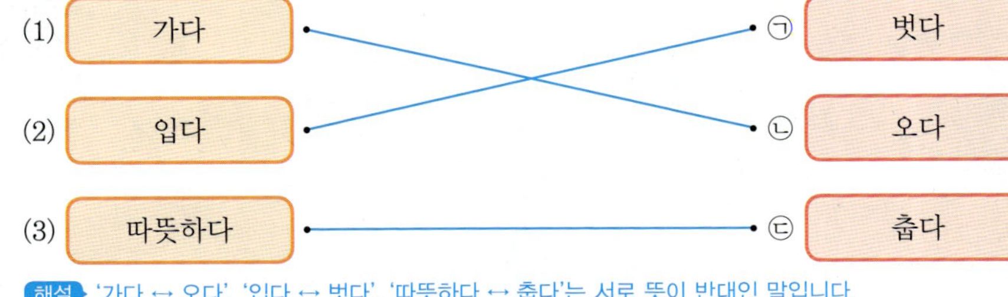

하얀 목화꽃이 피었어요.	 꽃이 점점 진한 분홍색이 되었어요.	 꽃이 떨어지고 열매가 생겼어요.	 열매가 터지고 하얀 솜이 나왔어요.

어휘야 놀자~

흐리게 쓴 글자는 따라 쓰세요.

잘못 쓰기 쉬운 말

낱말을 쓸 때 잘못 쓰기 쉬운 낱말이 있습니다. 바르게 쓴 낱말을 잘 보고 따라 써 봅니다.

바른 말 (O)	틀린 말 (X)	따라 쓰기
길가	길까	길 가 길 가
심부름	심부룸	심 부 름 심 부 름
따뜻한	따뜨딴	따 뜻 한 따 뜻 한
정성껏	정성껀	정 성 껏 정 성 껏
소중하게	소중하개	소 중 하 게 소 중 하 게

한자어

한자어를 소리 내어 읽고 따라 써 봅니다.

시 대
때 시 時 + 대신할 대 代

역사적으로 어떤 기준에 의하여 구분한 일정한 기간.

時 代
때 시 대신할 대

우주 시대

宇 宙 時 代
집 우 집 주 때 시 대신할 대

평화 시대

平 和 時 代
평평할 평 화목할 화 때 시 대신할 대

소리 내어 읽고 스티커를 붙여 보세요.

읽었어요!

잘 듣고 읽어 보세요.

고양이는 사냥꾼

고양이가 몸을 낮추고 ㉠소리 없이 기어가요. 그러더니 몸을 잔뜩 웅크렸
다가 뛰어나가요. 고양이가 들쥐를 잡았어요! 귀여운 고양이가 들쥐를 잡아
서 놀랐나요? 놀라지 마세요. 고양이는 뛰어난 사냥꾼이거든요.

그런데 고양이는 왜 사냥을 잘할까요? 고양이는 사냥하기 좋은 몸을 갖고
있기 때문이에요.

고양이는 수염으로 더운지 추운지 느낄 수 있어요. 또, 수염으로 바람을 느
끼고, 길이 얼마나 좁은지도 알 수 있지요. 그래서 사냥할 때 길을 잘 찾아가
지요.

고양이의 눈은 어둠 속에서도 잘 볼 수 있어요. 또 움직이는 것을 잘 볼 수
있지요.

고양이는 아주 작은 소리도 잘 들을 수 있어요. 그리고 얼마나 멀리서 소리
가 나는지 알 수 있어요.

고양이의 발바닥은 아주 예민해요. 발바닥에 닿기만 해도 무엇인지 알 수
있어요. 또 폭신해서 사냥할 때 발소리를 내지 않아요.

고양이는 날카로운 발톱을 갖고 있어요. 발톱은 사냥할 때 발가락 밖으로
나와요.

이처럼 고양이는 수염, 눈, 귀로 먹이를 찾아요.
그리고 날카로운 발톱으로 먹이를 잡지요.

글의 내용 이해하기

1 이 글에서 알 수 있는 고양이의 특징으로 알맞은 것은 무엇입니까? (②)

① 고양이는 수영을 잘합니다.
② 고양이는 사냥을 잘합니다.
③ 고양이는 밤에 잠을 잡니다.
④ 고양이는 과일을 좋아합니다.
⑤ 고양이는 기분이 좋을 때 소리를 냅니다.

해설 고양이는 사냥하기 좋은 몸을 갖고 있는 뛰어난 사냥꾼입니다.

글의 내용 이해하기

2 사냥하기 좋은 고양이의 특징이 아닌 것은 무엇입니까? (②)

① 날카로운 발톱을 가졌습니다.
② 더위나 추위를 느끼지 않습니다.
③ 어둠 속에서도 잘 볼 수 있습니다.
④ 작은 소리도 잘 들을 수 있습니다.
⑤ 폭신한 발바닥으로 발소리를 내지 않습니다.

해설 고양이는 날카로운 발톱으로 먹이를 잡습니다. 고양이는 어둠 속에서도 잘 볼 수 있고, 폭신한 발바닥으로 발소리를 내지 않고 먹잇감에게 다가갑니다. 그리고 작은 소리도 잘 들을 수 있습니다.

세부 내용 이해하기

해설 고양이는 수염으로 바람을 느끼고, 더운지 추운지 느낄 수 있고, 길이 얼마나 좁은지도 알 수 있습니다. 그래서 사냥할 때 길을 잘 찾아갑니다.

3 다음은 고양이의 몸 중 무엇의 특징을 설명한 것입니까? (④)

• 바람을 느낄 수 있습니다.
• 길이 얼마나 좁은지 알 수 있습니다.

① 눈   ② 귀   ③ 코   ④ 수염   ⑤ 발바닥

4 ㉠'소리 없이 기어가요'와 관련 있는 고양이 몸의 특징은 무엇입니까? (①)

① 폭신한 발바닥
② 길을 잘 찾는 수염
③ 작은 소리도 잘 듣는 귀
④ 움직이는 것을 잘 보는 눈
⑤ 발가락 밖으로 나오는 발톱

해설 고양이의 발바닥은 폭신해서 사냥할 때 발소리를 내지 않는다고 하였습니다. 이런 발바닥의 특징 때문에 소리 없이 기어갈 수 있습니다.

5 고양이에 대해 말한 것 중 알맞은 것에 모두 ○표 하세요.

(1) 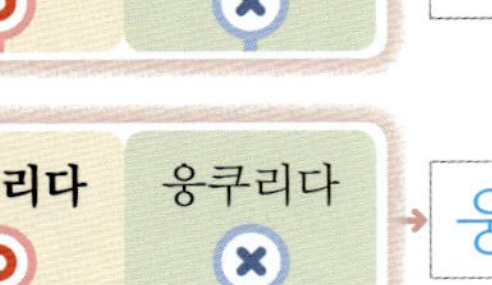

(○)

(2) 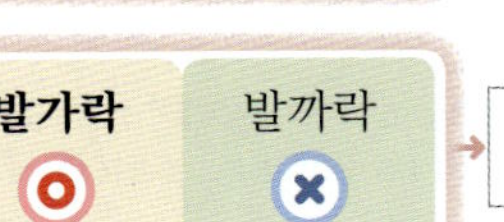

(○)

(3) 

(   )

해설 고양잇과 동물인 고양이, 표범, 호랑이는 오줌으로 자신의 영역을 표시합니다.

해설 자유롭게 세 줄로 된 글을 쓰도록 합니다.

6 고양이로 삼행시를 지어 보세요.

고 예) 고양이가
____

양 예) 양말 속으로 들어가요.
____

이 예) 이런 장난꾸러기.
____

흐리게 쓴 글자는 따라 쓰세요.

잘못 쓰기 쉬운 말

낱말을 쓸 때 잘못 쓰기 쉬운 낱말이 있습니다. 바르게 쓴 낱말을 잘 보고 따라 써 봅니다.

들쥐 ◎	들지 ✕	들 쥐	들 쥐
낮추고 ◎	나추고 ✕	낮 추 고	낮 추 고
발가락 ◎	발까락 ✕	발 가 락	발 가 락
웅크리다 ◎	웅쿠리다 ✕	웅 크 리 다	웅 크 리 다

재미있는 속담 익히기

고양이 쥐 생각한다

쥐는 고양이가 가장 좋아하는 먹이이자 사냥감 중 하나예요. 그러니까 '고양이 쥐 생각한다'는 쥐가 보고 싶어서 생각한다는 뜻이 아니지요. 속으로는 잡아먹을 궁리를 하면서 겉으로는 잘해 주는 척하는 걸 말해요. 속마음을 숨기고 겉으로만 생각해 주는 사람이 있을 때 주로 쓰는 속담입니다.

속담을 따라 써 봅니다.

고	양	이		쥐		생	각	한	다		

돌을 쌓아 만든 무덤, 피라미드

이집트에는 아주 높고 커다란 무덤이 있습니다. 이 무덤은 위로 올라갈수
아프리카 대륙에 있는 나라
록 뾰족해져요. 많은 사람이 이 무덤을 구경하기 위해 이집트로 여행을 가기
끝이 날카로워져요　　　　　이집트에 있는 아주 높고 커다란 무덤
도 하지요. 이러한 무덤은 어떻게 만들어진 걸까요?

옛날 이집트 왕이었던 조세르는 죽은 뒤에도 영원히 살 수 있다고 믿었습
니다. 그래서 신하들에게 말했어요.
옛날에 왕을 모시면서 벼슬을 하던 사람
"내가 죽은 뒤에 편안히 쉴 수 있는 튼튼한 무덤을 만들도록 하여라."

원래 이집트에서는 왕들의 무덤을 진흙 벽돌로 ㉠낮게 만들었어요. 그러나
처음부터　　　　　　　　　　　진흙으로 만든 벽돌
조세르 왕의 명령을 받은 사람들은 커다란 돌들을 쌓아 올려 무덤을 크고 높
어떤 일을 하도록 시킴
게 만들었어요. 이렇게 만들어진 무덤이 바로 피라미드예요.

그런데 옛날 사람들은 어떻게 크고 무거운 돌을 옮길 수 있었을까요? 그때
는 크레인 같은 기계도 없었을 텐데요. 정확히 알 수는 없다고 해요. 하지만
무거운 것을 들어 올려 옮기는 기계
크고 무거운 돌 아래 둥근 나무 기둥을 여러 개 넣어서 돌을 굴렸을 거라고
해요. 조세르 왕의 무덤은 20년이나 걸려서 완성했다고 해요. 그러니 얼마나
많은 사람의 노력으로 만들어졌는지 알겠죠?

이후로도 여러 왕의 피라미드가 만들어졌어요. 그중에는 몸은 사자이지만
얼굴은 사람 모양인 스핑크스라는 조각상으로 유명한 피라미드도 있습니다.
돌이나 나무 같은 것을 깎아서 만든 것

---

1 이 글은 무엇에 대하여 설명하고 있는지 알맞은 말을 쓰세요.

이집트에 있는　| 피 | 라 | 미 | 드 |

해설 ▶ 이 글은 이집트라는 나라에 있는, 피라미드라는 무덤에 대해 설명하고 있습니다.

2 이 글의 내용을 바르게 이해한 친구를 찾아 모두 ○표 하세요.

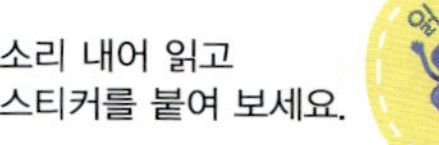

(　○　)　　　(　○　)　　　(　　　)

해설 ▶ 이집트에서는 여러 왕의 피라미드가 만들어졌다고 하였습니다. 또한 많은 사람이 이 피라미드를
구경하기 위해 이집트로 여행을 가기도 한다고 하였습니다. 이러한 피라미드는 작고 가벼운 돌이
아니라 크고 무거운 돌을 옮겨 만들었다고 하였습니다.

해설 ▶ 글쓴이는 피라미드가 조세르 왕의 명령으로 만들어졌으며, 많은 사람의 노력
으로 완성되었다고 설명하였습니다. 즉 글쓴이는 글을 읽는 사람들에게 피라
미드가 어떻게 만들어졌는지 알려 주기 위해 글을 쓴 것입니다.

3 글쓴이가 이 글을 쓴 까닭은 무엇이겠습니까? (　⑤　)

① 피라미드를 직접 보고 싶어서
② 이집트 왕에 대해 소개하려고
③ 피라미드 안에 무엇이 있는지 소개하려고
④ 스핑크스가 왜 만들어졌는지 알려 주려고
⑤ 피라미드가 어떻게 만들어졌는지 알려 주려고

낱말 뜻 이해하기

4 ㉠'낮게'와 반대의 뜻을 가진 낱말을 이 글에서 찾아 쓰세요.

높	게

해설 '낮게'는 '아래에서 위까지의 높이가 짧게.'라는 뜻을 가진 낱말입니다. 이와 반대의 뜻을 가진 낱말은 '아래에서 위까지의 거리가 멀게.'라는 뜻의 '높게'입니다.

세부 내용 이해하기

5 조세르 왕이 다음과 같이 말한 까닭은 무엇인지 알맞은 것에 ○표 하세요.

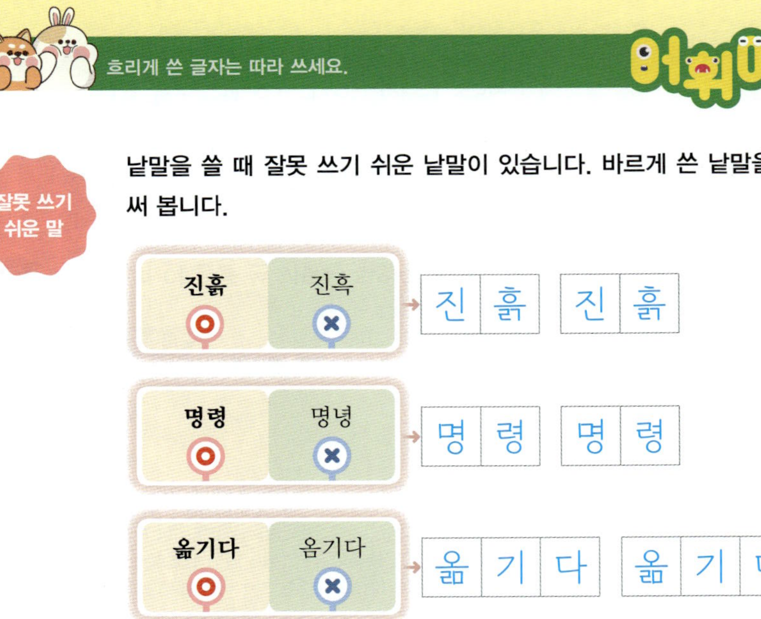

(1) 크고 무거운 돌을 사용할 곳이 필요했기 때문입니다. ( )
(2) 스핑크스를 세워 둘 넓은 장소가 필요했기 때문입니다. ( )
(3) 죽은 뒤에도 영원히 살 수 있다고 생각했기 때문입니다. (○)

해설 이집트 왕인 조세르는 죽은 뒤에도 영원히 살 수 있다고 믿었습니다. 그러한 믿음이 있었기 때문에 자신을 위한 무덤을 마치 집처럼 편안하게 쉴 수 있게 만들라고 신하들에게 명령한 것입니다.

배경지식 활용하여 추론하기

해설 이집트 피라미드 중에는 스핑크스로 유명한 피라미드가 있습니다. 이 스핑크스는 몸은 사자이지만 얼굴은 사람 모양이라고 하였습니다.

6 다음 그림 중에서 스핑크스를 찾아 ○표 하세요.

(1) 

(2)

(3)

(○)　　( )　　( )

흐리게 쓴 글자는 따라 쓰세요.

잘못 쓰기 쉬운 말

낱말을 쓸 때 잘못 쓰기 쉬운 낱말이 있습니다. 바르게 쓴 낱말을 잘 보고 따라 써 봅니다.

진흙 ◎	진흑 ✕		진	흙		진	흙

명령 ◎	명녕 ✕		명	령		명	령

옮기다 ◎	옴기다 ✕		옮	기	다		옮	기	다

재미있는 속담 익히기

천 리 길도 한 걸음부터

천 리는 아주 긴 거리입니다. 그러니 천 리를 걷는 것은 엄청나게 힘든 일이 겠죠. 하지만 멀다고 한 걸음도 떼지 않으면 아예 갈 수도 없습니다. 그만큼 첫걸음이 중요한 것이죠.
'천 리 길도 한 걸음부터'는 아무리 큰일이라도 작은 일부터 시작된다는 말로, 무슨 일이든지 시작을 해야 결과를 얻을 수 있다는 뜻의 속담입니다.

속담을 따라 써 봅니다.

천	리	길	도	한	걸	음	부	터

소리 내어 읽고 스티커를 붙여 보세요.
읽었어요!
잘 듣고 읽어 보세요.

소리를 그림으로 그린 칸딘스키

어느 날, 외출에서 돌아온 화가 칸딘스키는 깜짝 놀랐어요. 자기 작업실에 낯선* 그림이 있는 거예요. 그림을 한참 들여다봐도 무엇을 그렸는지 알 수 없는 그림이었어요. 그런데 그 그림은 칸딘스키의 마음을 사로잡았어요. 한참을 들여다보던 칸딘스키는 깜짝 놀랐어요. 알고 보니 자신이 그린 그림이었던 거예요.

외출: 일이 있어 집이나 일을 하던 곳에서 잠시 밖으로 나감
한참: 꽤 오랜 시간
마음을 사로잡았어요: 마음이 몹시 끌렸다는 뜻임

그림을 거꾸로 세워 두어서 낯설어 보였던 거랍니다. 그 순간 칸딘스키는 깨달았어요. 그림을 그릴 때 보여지는 사실 그대로 그리지 않아도 아름다움과 감동을 준다는 것을요.

낯설어: 익숙하지 않아
그 순간: 거꾸로 세워진 그림이라 낯설어 보였다는 것을 안 순간
감동: 가슴이 벅참

'맞아, 음악도 아무런 설명 없이 연주만 하잖아!'

'그렇다면 음악을 그림으로 표현해 보면 어떨까?'

그래서 칸딘스키는 음악을 그림으로 표현하기로 했어요. 크고 작은 원, 높고 낮은 산 모양을 그려 음악을 표현했어요. 물결처럼 넘실대는 곡선, 길고 짧은 선으로도요. 그러자 그림에서 아름다운 음악 소리가 들리는 듯했어요.

넘실대는: 물결이 부드럽게 위로 움직이는

우리도 익숙한 것을 낯설게 바라보는 눈을 가진 칸딘스키처럼 주변을 다시 한번 둘러보아요.

익숙: 자주 보아서 친근함

*낯선: 전에 본 기억이 없어 익숙하지 않은.

글의 내용 이해하기

1 이 글의 내용으로 알맞지 <u>않은</u> 것은 무엇입니까? (②)

① 음악을 그림으로도 표현할 수 있습니다.
② 칸딘스키는 하루도 빠짐없이 외출을 합니다.
③ 낯설게 보인 그림이 칸딘스키 마음에 들었습니다.
④ 낯설게 보인 그림은 칸딘스키가 그린 그림입니다.
⑤ 외출에서 돌아왔을 때 칸딘스키는 자신이 그린 그림을 몰라봤습니다.

해설 칸딘스키가 매일매일 외출을 하는지는 이 글을 통해서는 알 수 없습니다.

세부 내용 이해하기

2 거꾸로 세워 둔 자신의 그림을 알아본 후, 칸딘스키가 생각한 내용으로 알맞지 <u>않은</u> 것은 무엇입니까? (④)

① 음악을 그림으로 그릴 수도 있겠구나!
② 크고 작은 원으로 음악을 표현할 수 있어.
③ 그림을 거꾸로 보니 다른 그림처럼 보이는구나.
④ 무엇을 그렸는지 알 수 없는 그림이 가장 큰 감동을 주는 거야.
⑤ 길고 짧은 선이나 물결 같은 곡선으로도 음악을 표현할 수 있어.

해설 칸딘스키가 그림을 사실 그대로 그리지 않은 것은 선과 모양으로도 충분히 감동을 줄 수 있어서입니다. 무엇을 그렸는지 알 수 없는 그림이 가장 훌륭한 것이라는 뜻은 아닙니다.

글의 내용 적용하기

3 칸딘스키는 무엇을 깨달았는지 빈칸에 들어갈 알맞은 말을 이 글에서 찾아 쓰세요.

칸딘스키는 그림을 그릴 때 사실대로 그리지 않아도 그림 자체로 아름다움과 감동 을/를 준다는 것을 깨달았습니다.

해설 '감동'은 어떤 것이 아주 훌륭하거나 아름답다고 느껴 마음이 뭉클해지는 것입니다.

4 칸딘스키의 직업은 무엇입니까? (②)

① 작가   ② 화가   ③ 음악가
④ 지휘자   ⑤ 사진사

해설 칸딘스키는 음악 소리를 그림으로 표현한 화가입니다.

5 칸딘스키의 그림 〈소리〉를 감상해 보세요. 그리고 자기가 느끼는 소리에 대한 느낌을 원, 선, 곡선, 삼각형, 사각형 등으로 자유롭게 그려 보세요.

〈소리〉

〈소리〉

해설 그림 〈소리〉는 크고 작은 원, 선, 넘실대는 곡선 등으로 소리를 표현한 칸딘스키의 그림입니다. 각자 자기가 느끼는 소리를 자유롭게 그려 봅니다.

해설 소리를 듣고 느끼는 감정을 표현하는 것에는 그림, 음악도 있지만 몸동작으로도 나타낼 수 있습니다.

6 스티커 칸딘스키가 춤을 추는 사람과 역할을 바꿔 보았습니다. 소리를 몸동작으로 표현하는 칸딘스키가 되어 스티커에 있는 동작을 자기의 느낌대로 붙여 보세요.

흐리게 쓴 글자는 따라 쓰세요.

어휘야 놀자~

글자가 비슷하지만 뜻이 다른 낱말을 알아보고 따라 써 봅니다.

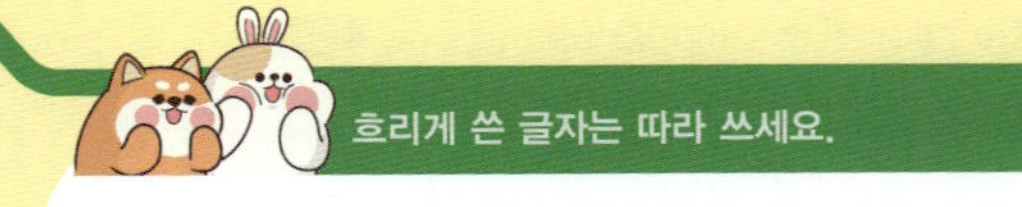

낯 눈, 코, 입 따위가 있는 얼굴의 바닥.

낯 낯 낯

낫 풀, 나무 등을 베는 데에 사용하는 농기구.

낫 낫 낫

낮 해가 떠서 해가 지기까지의 시간.

낮 낮 낮

낫 놓고 기역 자도 모른다

'낫 놓고 기역 자도 모른다'는 말은 'ㄱ' 자 모양으로 생긴 낫을 앞에 두고서도 쉬운 글자인 기역 자를 모를 정도로 사람이 글자를 모르거나 아주 무식하다는 뜻의 속담이에요.

속담을 따라 써 봅니다.

낫	놓	고	기	역	자	도	모	른	다

한눈에 보는 답

ERI 독해가
문해력이다 2단계 심화

3주차 정답과 해설

1회 크리스마스 선물
본문 79~80쪽

1 ① 2 ⑤
3 선물
4 (1) ○
5 (2) ○

6

2회 프랑스의 황제, 나폴레옹
본문 85~86쪽

1 ④
2 ①
3 나폴레옹
4 해군
5 ②

6

3회 비누로 깨끗이
본문 91~92쪽

1 ③ 2 ③ 3 ⑤ 4 ⑤ 5 빨래 6 세숫비누 / 빨랫비누

4회 축구할 때도 신호등이 있어요
본문 97~98쪽

1 ②
2 (1) ○ (2) ○
3 퇴장
4 신호등
5 월드컵

6
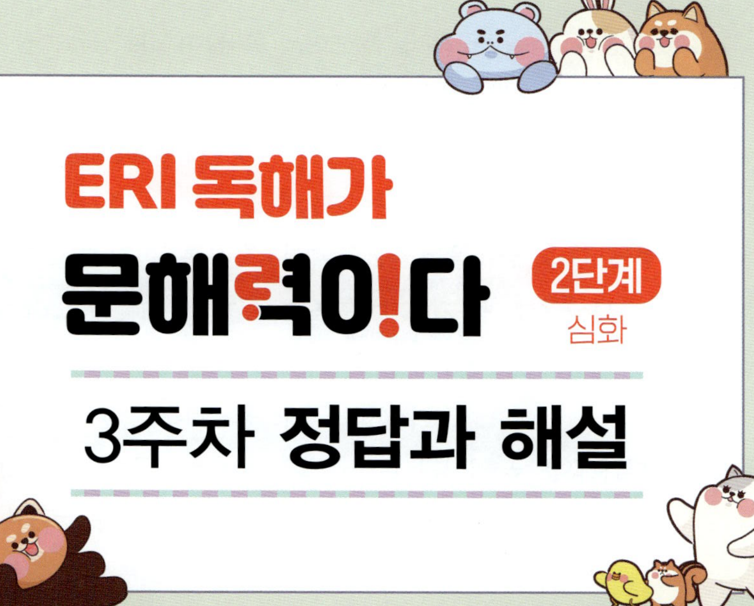

5회 평화를 사랑하는 동그라미
본문 103~104쪽

1 ②
2 ④
3 ②
4 (1) 평화롭게 (2) 배려하며

5

6

ERI지수 272 인문 | 문학

소리 내어 읽고 스티커를 붙여 보세요.

읽었어요!

잘 듣고 읽어 보세요.

크리스마스 선물

가난하지만 행복하게 살아가는 부부가 있었답니다. 화려한 가구도 없고,
음식이 풍족하지도 않지만 언제나 따뜻한 사랑이 넘쳤어요. 이 부부에게는
작은 소원이 있었어요.

남편과 아내 / 무늬나 색깔 등의 장식이 많은 / 매우 많아서 넉넉함 / 바라는 것

남편은 아내에게 예쁜 머리핀을 선물하고 싶었어요. 아내의 길고 아름다운
머리카락에 잘 어울릴 것 같았거든요.

아내는 남편의 손목시계에 어울릴 시곗줄을 사 주고 싶었어요. 할아버지로
부터 물려받은 멋진 금시계인데 시곗줄이 낡아서 찰 수 없었거든요. 하지만
부부는 돈이 없어 항상 안타까운 마음뿐이었어요.

조상으로부터 물려받은 것을 '유품'이라고 함

유난히 추운 어느 겨울이었어요. 난로를 따뜻하게 피울 형편이 안 되어 손
을 호호 불며 지낼 정도였지요. 어느덧 크리스마스가 다가왔어요. 부부는 서
로에게 줄 크리스마스 선물을 샀어요. 아내는 아름다운 머리카락을 잘라 팔
아서 남편에게 줄 멋진 시곗줄을 샀어요. 남편은 소중한 금시계를 팔아서 아
내를 위해 예쁜 머리핀을 샀어요.

공기를 따뜻하게 해 주는 기구 / 몹시 추운 날 입으로 따뜻한 공기를 불어 주는 것 / '성탄절'이라고도 함

서로의 선물을 확인한 부부는 감동의 눈물을 흘렸어요. 부부는 가장 소중
한 선물을 주고받은 거예요. 돈을 주고도 살 수 없는 사랑의 선물 말이지요.

기뻐서 흘리는 눈물

글의 내용 이해하기

1 이 글의 내용으로 알맞지 않은 것은 무엇입니까? (①)

① 부부의 소원은 부자가 되는 것이었습니다.
② 부부는 가난했지만 따뜻한 사랑이 넘쳤습니다.
③ 부부는 서로에게 줄 크리스마스 선물을 샀습니다.
④ 부부는 서로의 크리스마스 선물에 감동받았습니다.
⑤ 부부는 난로를 피우기 어려울 정도로 가난했습니다.

해설 아내는 남편에게, 남편은 아내에게 멋진 선물을 하고 싶은 소원이 있었습니다.

세부 내용 이해하기

2 부부가 서로에게 선물을 받고 눈물을 흘린 까닭은 무엇입니까? (⑤)

① 자신이 원하는 선물이 아니어서
② 난로를 피울 장작을 사지 못한 것이 속상해서
③ 남편은 멋진 금시계가 없어져서 속상한 마음에
④ 아내는 자신의 머리카락을 자른 것이 후회되어서
⑤ 소중한 사랑이 가득 담긴 선물을 받고 감동받아서

해설 서로 소중한 것을 팔아서 상대방을 기쁘게 해 주고 싶은 진정한 사랑에 감동을 받아서입니다.

낱말 뜻 이해하기

해설 선물은 고마움이나 축하의 의미를 담아서 전달하는 물건 등을 말합니다. 선물을 할 때는 상대방이 어떤 선물을 받으면 좋아할지를 생각하며 선물을 준비합니다.

3 빈칸에 들어갈 알맞은 낱말을 이 글에서 찾아 쓰세요.

상대방에게 고마움, 축하, 사랑의 마음을 담아 전달하는 물건을 선 물
(이)라고 합니다.

4 감동의 크리스마스 선물을 주고받은 후 부부에게 어떤 변화가 있었을까요? 알맞은 것에 ○표 하세요.

(1) 서로에 대한 사랑이 더 커졌을 것입니다. (○)
(2) 내년 크리스마스 선물을 걱정했을 것입니다. ( )

해설 가난했지만 따뜻한 사랑이 넘쳤던 부부입니다. 서로의 선물을 확인한 후 서로에 대한 사랑이 더 커졌을 것입니다.

배경지식 활용하여 추론하기

5 이 글의 부부와 밑줄 친 '나무'의 공통점으로 알맞은 것에 ○표 하세요.

소년은 매일 나무에게 와서 놀다 갔습니다. 그네를 타고, 낮잠을 자고 열매를 따 먹었습니다.
소년은 어른이 되자 나뭇잎과 나뭇가지와 줄기까지 모두 베어 갔습니다. 그래도 나무는 소년에게 줄 수 있는 게 있어 행복했습니다.

(1) 서로를 그리워하는 마음 ( )
(2) 아낌없이 주는 사랑의 마음 (○)

해설 이 글의 부부와 나무의 공통점은 아낌없이 주는 사랑의 마음입니다. 자신의 가장 소중한 것까지 내어 주는 진정한 사랑의 마음입니다.

배경지식 활용하여 활동하기 해설 산타클로스는 빨간 코 사슴 루돌프가 끄는 썰매를 타고 와서 아이들에게 선물을 나누어 줍니다.

6 스티커 산타클로스의 썰매를 끌어 줄 사슴을 스티커에서 찾아 붙이고 사슴의 이름을 쓰세요.

흐리게 쓴 글자는 따라 쓰세요.

어휘야 놀자~

낱말을 쓸 때 잘못 쓰기 쉬운 낱말이 있습니다. 바르게 쓴 낱말을 잘 보고 따라 써 봅니다.

잘못 쓰기 쉬운 말

난로 ◎	날로 ✕	→ 난 로 난 로
시곗줄 ◎	시계줄 ✕	→ 시 곗 줄 시 곗 줄
머리빗 ◎	머리빚 ✕	→ 머 리 빗 머 리 빗
머리핀 ◎	머리삔 ✕	→ 머 리 핀 머 리 핀

외래어 익히기

크리스마스와 관련 있는 외래어를 알아보고 따라 써 봅니다.

크리스마스카드
크 리 스 마 스 카 드

산타클로스
산 타 클 로 스

크리스마스트리
크 리 스 마 스 트 리

크리스마스
크 리 스 마 스

소리 내어 읽고
스티커를 붙여 보세요.

잘 듣고
읽어 보세요.

프랑스의 황제, 나폴레옹

프랑스 군대가 이탈리아를 공격하러 가는 중이었어요. 프랑스에서 이탈리
아로 가려면 험한 산을 넘어야 했어요.
군인들의 집단　적을 치러
땅이 평탄하지 않아 지나기 어려운

나폴레옹이 이끄는 프랑스 군사들은 반대했어요. 무기를 들고 험한 산을
넘기가 어려웠거든요. 그러나 나폴레옹은 군사들에게 말했어요.

"내 사전에는 불가능이란 낱말은 없다."
할 수 없는 일

나폴레옹은 포기하지 말고 산을 넘자고 했어요. 마침내 프랑스 군사들은
하던 일을 그만둠
산을 넘어 이탈리아를 공격하는 데 성공했어요.

얼마 후, 나폴레옹은 프랑스의 황제가 되었어요. 황제가 된 나폴레옹은 이
번에는 영국을 공격했어요. 영국은 섬나라이기 때문에 해군의 힘이 강했어
요. 그래서 프랑스 군대는 영국 해군에게 지고 말았어요.

화가 난 나폴레옹은 다른 나라들이 영국과 무역을 하지 못하도록 막았어
서로 다른 나라들끼리 물건을 사고파는 일
요. 하지만 러시아는 나폴레옹의 말을 듣지 않았어요. 그러자 나폴레옹은 러
시아를 공격했어요. 러시아는 프랑스 군대를 이기기 위한 작전을 짰지요. 미
리 도시에 불을 질러서 먹을 것을 다 없애기로 하였어요. 러시아에 도착한
프랑스 군대는 먹을 것이 없어서 굶어 죽기도 하고, 추위 때문에
얼어 죽기도 했어요. 결국, 싸움에서 진 나폴레옹은
섬으로 쫓겨나고 말았어요.

글의 내용 이해하기

1 나폴레옹이 프랑스의 황제가 된 후 일어난 일이 아닌 것은 무엇입니까? (　④　)

① 섬으로 쫓겨났습니다.
② 영국을 공격했습니다.
③ 러시아를 공격했습니다.
④ 이탈리아를 공격했습니다.
⑤ 영국과 무역을 하지 못하게 했습니다.

해설　나폴레옹이 "내 사전에는 불가능이란 낱말은 없다."라고 말하며 이탈리아를 공격하는 데 성공한 일
은 황제가 되기 전에 있었던 일입니다.

세부 내용 이해하기

2 프랑스 군사들이 이탈리아 공격을 위해 산을 넘는 것을 반대한 까닭은 무엇입니까?
(　①　)

① 산이 너무 험해서
② 날씨가 너무 더워서
③ 집을 떠나기 싫어서
④ 산에는 먹을 것이 없어서
⑤ 산에는 무서운 짐승들이 많아서

해설　군사들은 산이 너무 험해서 무기를 들고 산을 넘는 것은 불가능하다며 반대했습니다.

전체 내용 구성하기　해설　나폴레옹은 이탈리아를 공격하는 데 성공했지만 영국과 러시아를 공격하여 이
기는 데에는 실패했습니다.

3 마인드맵　이 글의 내용을 정리한 마인드맵입니다. 빈칸에 들어갈 알맞은 말을 쓰세요.

4 빈칸에 들어갈 말로 알맞은 것에 ○표 하세요.

영국은 섬나라이기 때문에 바다를 지키는 (해군, 육군, 공군)의 힘이 강했습니다.

해설 영국은 바다로 둘러싸인 섬나라입니다. 그래서 바다를 지키는 해군의 힘이 강했습니다.

5 러시아가 프랑스 군대를 이기기 위한 작전에 이용한 것은 무엇입니까? (②)

① 물 ② 불 ③ 돌
④ 눈 ⑤ 화약

해설 러시아는 프랑스 군대가 도착하기 전에 미리 도시에 불을 질렀습니다. 이것은 먹을 것을 없애기 위한 작전이었습니다.

해설 잎이 세 개인 클로버의 꽃말은 '행복'이라고 알려져 있고, 보기 드물게 피는 네잎클로버의 꽃말은 '행운'입니다.

6 스티커 아이가 발견한 것은 무엇인지 스티커에서 찾아 붙이고, 이름을 쓰세요.

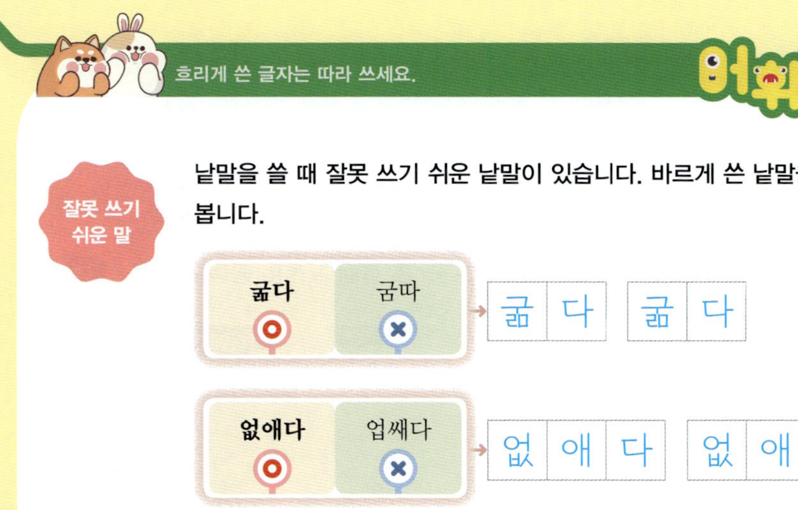

어휘야 놀자~

흐리게 쓴 글자는 따라 쓰세요.

잘못 쓰기 쉬운 말

낱말을 쓸 때 잘못 쓰기 쉬운 낱말이 있습니다. 바르게 쓴 낱말을 잘 보고 따라 써 봅니다.

굶다 ◎	굼따 ✕	→	굶 다	굶 다
없애다 ◎	업쌔다 ✕	→	없 애 다	없 애 다
쫓겨나다 ◎	쫀껴나다 ✕	→	쫓 겨 나 다	쫓 겨 나 다

재미있는 속담 익히기

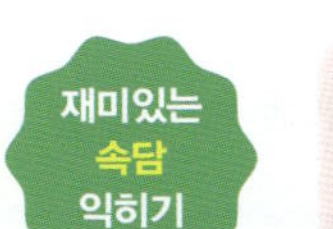

자기 꾀에 자기가 넘어 간다

소금을 싣고 가던 당나귀가 시냇물에 빠졌어요. 그러자 소금이 물에 녹아 짐이 가벼워졌지요.

다음 날 솜을 싣고 가던 당나귀가 일부러 시냇물에 빠졌어요. 그런데 이번에는 솜이 물에 젖어서 짐이 무거워졌어요.

이처럼 '자기 꾀에 자기가 넘어 간다'라는 말은 자기의 잘못은 결국 자신에게 되돌아온다는 뜻으로 쓰입니다.

속담을 따라 써 봅니다.

자 기	꾀 에	자 기 가	넘 어 간 다

ERI지수 259 과학 | 자연

소리 내어 읽고 스티커를 붙여 보세요.

잘 듣고 읽어 보세요.

비누로 깨끗이

"엄마, 새 옷에 흙탕물*이 묻었어요."

집에 들어오며 다현이가 엄마께 말씀드렸어요.

"새 옷인데 속상했겠다."
마음이 좋지 않고 안타까웠겠다

"네. 그런데 빨래하면 깨끗해질까요?"

"응, 걱정하지 마. 바로 빨래하면 깨끗해질 거야."

엄마는 비누 거품을 낸 물에 다현이가 벗은 옷을 넣고 빨래를 하셨어요.

잠시 뒤, 엄마는 깨끗해진 옷을 가지고 오셨어요.

"엄마, 흙탕물이 모두 빠졌어요!"

다현이가 신이 난 목소리로 말했어요.

"비누로 빨면 깨끗해지지."

"비누로 빨면 어떻게 깨끗해져요?"

엄마는 깨끗한 옷을 빨랫줄에 널며 대답해 주셨어요.

"비누 거품의 한쪽은 때*에 꼭 붙을 수 있거든. 그리고 다른 한쪽은 물에 붙어. 비누 거품이 옷에 있던 때를 둘러싸서 물속으로 빠지게 하는 거지."

"엄마, 신기해요."
비누 거품이 때를 없애 주는 게 신기함

다현이는 웃으며 말했어요.

"그래서 손을 씻을 때도 비누 거품을 내어 씻어야 해."
비누 거품이 때가 잘 빠지게 해 주므로

"엄마, 이제부터 저도 비누로 손을 깨끗이 씻을게요."

*흙탕물: 흙이 풀리어 몹시 흐려진 물.
*때: 옷이나 몸 따위에 묻은 더러운 먼지 따위.

---

1 이 글의 내용으로 알맞지 않은 것은 무엇입니까? (③)

① 빨래한 뒤 흙탕물이 모두 빠졌습니다.
② 다현이의 새 옷에 흙탕물이 묻었습니다.
③ 다현이는 깨끗한 옷을 빨랫줄에 널었습니다.
④ 엄마는 비누 거품을 낸 물에 빨래를 하셨습니다.
⑤ 엄마는 다현이의 더러워진 옷을 바로 빨래하셨습니다.

해설 엄마가 빨래 후 깨끗한 옷을 빨랫줄에 널었습니다.

2 새 옷에 흙탕물이 묻었을 때 다현이의 마음은 어떠했습니까? (③)

① 무서웠습니다.
② 신기했습니다.
③ 속상했습니다.
④ 신이 났습니다.
⑤ 기분이 좋았습니다.

해설 엄마가 속상했겠다고 하자, 다현이가 "네."라고 대답했습니다. 다현이는 옷에 묻은 흙탕물이 빨래 후 모두 없어지자 신이 나고 신기해했습니다.

해설 비누 거품의 한쪽은 때에 붙고 다른 한쪽은 물에 붙어 때를 둘러쌉니다. 그리고 물속으로 빠지게 합니다.

3 비누 거품은 어떻게 때를 뺄 수 있는 것입니까? (⑤)

① 비누 거품이 때를 가루로 만듭니다.
② 비누 거품이 때 속으로 들어갑니다.
③ 비누 거품이 때를 녹여 사라지게 합니다.
④ 비누 거품이 때가 묻은 곳을 하얗게 색칠합니다.
⑤ 비누 거품이 때를 둘러싸서 물속으로 빠지게 합니다.

4 비누로 빨면 깨끗해진다는 엄마의 설명을 듣고 다현이가 결심한 것은 무엇입니까?

(⑤)

① 이를 깨끗이 닦겠습니다.
② 빨래를 잘 말리겠습니다.
③ 비누를 아껴 쓰겠습니다.
④ 흙탕물이 있는 곳에 가지 않겠습니다.
⑤ 손을 씻을 때도 비누로 깨끗이 씻겠습니다.

해설 다현이는 이제부터 비누로 손을 깨끗이 씻겠다고 했습니다.

낱말 뜻 이해하기

5 빈칸에 들어갈 알맞은 낱말을 보기 에서 찾아 쓰세요.

보기
· 청소　　· 빨래　　· 세수

나는 더러워진 운동복을 세탁기에 넣어 빨 래 를 했습니다.

해설 빨래는 더러운 옷을 물에 빠는 일입니다.

배경지식 활용하여 추론하기

6 다음 그림을 보고 어떤 비누가 쓰일지 보기 에서 찾아 쓰세요.

보기
· 빨랫비누　　　　· 세숫비누

세 숫 비 누

빨 랫 비 누

해설 손이나 얼굴을 씻는 비누는 '세숫비누'이고, 빨래를 할 때 쓰는 비누는 '빨랫비누'입니다.

어휘야 놀자~

흐리게 쓴 글자는 따라 쓰세요.

어휘 살찌우기

'묻다'는 글자는 같은데 뜻이 다른 낱말로 쓰입니다. 낱말의 뜻을 알아보고 따라 써 봅니다.

묻다　무엇에 들러 붙다.

먼 지 가 　 묻 다 .

묻다　모르는 것을 알려 달라고 하다.

길 을 　 묻 다 .

묻다　넣어서 안 보이게 하다.

항 아 리 를 　 묻 다 .

재미있는 속담 익히기

옷이 날개다

"옷이 날개라더니, 너 오늘 그렇게 입으니까 너무 멋지다!"라는 말 들어 보았나요? '옷이 날개다'라는 말은 입은 옷이 좋으면 사람이 달라 보인다는 뜻이에요. 이때 좋은 옷이라고 해서 반드시 새 옷이거나 비싼 옷을 말하는 건 아니에요. 깨끗하게 손질해서 때와 장소에 맞게 입은 옷을 말하는 거예요.

속담을 따라 써 봅니다.

옷 이 　 날 개 다

ERI지수 346 예술 | 문화

소리 내어 읽고
스티커를 붙여 보세요.

잘 듣고
읽어 보세요.

축구할 때도 신호등이 있어요

축구 시합을 본 적이 있나요? 축구를 할 때면 선수들끼리 몸이 부딪히는
운동 따위에서 서로 승부를 겨루는 일 / 힘 있게 닿거나 세게 마주치게 되는
일이 많아요. 상대방 선수를 밀치거나 옷을 잡아당겨 넘어뜨리기도 해요.
힘껏 밀거나

이런 행동은 규칙에 어긋나지요. 이런 행동을 한 선수에게 심판은 노란색 카
상대방을 밀치거나 잡아당기는 행동 / 영어로 '옐로우'임
드를 내밀어요. '주의'하라는 뜻이지요. 상대 선수를 때리거나, 심한 행동을
마음에 새겨 두고 조심함
하면 빨간색 카드를 들어 보여요. 빨간색 카드를 받으면 바로 퇴장이에요.
영어로 '레드'임 / 경기 중에 선수가 반칙이나 부상 따위로 물러남
이때 노란색 카드를 '옐로카드', 빨간색 카드를 '레드카드'라고 합니다.

이렇게 큰 힘이 있는 옐로카드와 레드카드는 누가 생각해 냈을까요?

이 카드는 한 축구 심판이 생각해 낸 거예요. 영국에서 학생을 가르치던 케
네스 조지 아스톤은 1962년 칠레 월드컵에서 심판을 맡았어요. 그런데 경기
남아메리카에 있는 나라 / 4년마다 열리는 세계적인 축구 대회
때마다 선수들이 규칙을 어기고 심하게 싸워서 무척 괴로웠대요.

어느 날, 자동차를 몰고 가던 아스톤은 신호등*의 불빛을 보고 깨달았어요.
'아, 신호등처럼 하면 되겠군!'

신호등의 노란불은 조심하라는 뜻이고, 빨간불은 멈추라는 뜻이 있어요.
잘못이나 실수가 없도록 말이나 행동에 마음을 씀
여러분도 모두 알고 있지요? 그래서 축구 경기에서 노란색 카드는 '주의'를,

빨간색 카드는 '퇴장'을 표시하게 되었답니다.

옐로카드와 레드카드는 이렇게 해서 축구 경기장의 신호등이 된 거지요.

*신호등: 건널목, 횡단보도에서 자동차나 사람의 통행을 지시하는 전기 불빛 장치.

글의 내용 **이해하기**

1 이 글의 내용으로 알맞지 <u>않은</u> 것은 무엇입니까? (②)

① 축구 경기를 할 때에는 규칙을 잘 지켜야 합니다.
② 경기 중에 옐로카드를 받으면 퇴장을 당하게 됩니다.
③ 축구 경기에서는 선수들끼리 몸이 부딪히는 일이 많습니다.
④ 노란색 카드는 옐로카드, 빨간색 카드는 레드카드라고 부릅니다.
⑤ 옐로카드와 레드카드는 신호등 불빛을 보고 생각해 낸 것입니다.

해설 옐로카드와 레드카드는 심판이 축구 경기 중에 규칙에 어긋난 행동을 한 선수에게 주는 것인데, 아주 심한 행동을 한 선수에게는 레드카드를 주어 퇴장을 시킬 수 있습니다.

글의 내용 **적용하기**

2 다음 그림을 보고, 축구 경기에서 옐로카드를 주어야 하는 행동에 ○표 하세요.

(1)  (○)

(2)  (○)

(3)  (   )

해설 상대방 선수를 밀치거나 옷을 잡아당겨 넘어뜨리는 등 규칙에 어긋난 행동을 한 선수에게 옐로카드를 준다고 하였습니다.

전체 내용 **구성하기**

해설 옐로카드, 레드카드는 케네스 조지 아스톤이라는 심판이 생각해 냈습니다. 신호등의 노란불은 조심하라는 뜻이고, 빨간불은 멈추라는 뜻입니다. 이를 보고 '주의'와 '퇴장'의 표시를 카드로 대신한 것입니다.

3 마인드맵 이 글의 내용을 정리한 마인드맵입니다. 빈칸에 들어갈 알맞은 말을 쓰세요.

4 다음에서 설명하는 낱말은 무엇인지 이 글에서 찾아 쓰세요.

건널목, 횡단보도에서 자동차나 사람의 통행을 지시하는 전기 불빛 장치.

| 신 | 호 | 등 |

해설 도로에 설치하여 통행을 지시하는 장치를 신호등이라고 합니다.

5 다음에서 설명하는 대회는 무엇인지 쓰세요.

• 4년마다 열리는 세계적인 스포츠 대회입니다.
• 세계에서 가장 규모가 큰 국제 축구 대회입니다.

| 월 | 드 | 컵 |

해설 월드컵은 4년마다 열리는 국제 축구 대회입니다. 우리나라는 2002년 월드컵 대회에서 4강까지 올라갔습니다.

해설 축구는 11명이 하는 경기이고, 규칙을 어기면 옐로카드나 레드카드를 줍니다. 그리고 골키퍼는 장갑을 끼고 손과 발로 공을 막습니다.

6 스티커 축구에 대한 설명이 맞는 수만큼 골대 안에 축구공을 붙이고, 몇 골을 넣었는지 숫자를 쓰세요.

어휘야 놀자~

흐리게 쓴 글자는 따라 쓰세요.

공을 가지고 하는 경기는 무엇이 있는지 알아보고 따라 써 봅니다.

축구 공을 발로 차며 상대편 골대에 넣는 경기.

| 축 | 구 | 축 | 구 |

야구 작은 공을 던지면 방망이로 공을 받아치는 경기.

| 야 | 구 | 야 | 구 |

농구 작은 고리 모양의 링 안으로 공을 넣는 경기.

| 농 | 구 | 농 | 구 |

배구 손으로 공을 주고받으면서 상대편으로 넘기는 경기.

| 배 | 구 | 배 | 구 |

하늘은 스스로 돕는 자를 돕는다

'하늘은 스스로 돕는 자를 돕는다'라는 말은 하늘은 스스로 노력하는 사람을 도와 성공하게 만든다는 뜻이에요. 스스로 돕는다는 것은 스스로 노력한다는 뜻인데요, 어떤 일을 이루기 위해서는 무엇보다 자신의 의지와 노력이 중요하겠죠?

속담을 따라 써 봅니다.

| 하 | 늘 | 은 | | 스 | 스 | 로 | | 돕 | 는 | | 자 | 를 |
| 돕 | 는 | 다 | | | | | | | | | | |

ERI지수 **263** STEAM

소리 내어 읽고 스티커를 붙여 보세요.

알았어요!

잘 듣고 읽어 보세요.

평화를 사랑하는 동그라미

도형 나라에는 ㉠동그라미, 세모, 네모 등 여러 도형들이 살고 있어요.

그중 동그라미들이 사는 마을이 가장 평화로운 곳으로 알려져 있어요.
동네

동그라미 마을에 ㉡세모가 놀러 왔어요. 얼마나 평화롭게 사는지 보고 싶

었거든요. 세모가 처음 본 동그라미들은 노래를 부르며 춤을 추고 있었어요.

"㉢둥글게 둥글게, 둥글게 둥글게, 빙글빙글 돌아가며 춤을 춥시다."
미끄러지듯 도는 모양

서로 손을 맞잡고 동그란 ㉣원을 그리며 춤을 추어요. 얼마나 즐거운지

웃음소리가 멈추질 않아요.
웃을 때 내는 소리

저쪽에 과수원이 있네요.
과일나무를 가꾸는 농장

"맛있는 사과 좀 드세요."

과수원에 있던 동그라미가 세모에게 맛있게 생긴 빨간 ㉤사과를 주었어요.

먹어 보니 달콤한 맛이 났어요. 동그라미 마을 사람들의 아낌없이 나누어 주
주거나 쓰는 데 아까워하는 마음이 없이

는 따뜻한 마음이 느껴졌어요.

다른 쪽에서는 회의를 하고 있어요. 동그라미들이 동그란 탁자에 앉아서
어떤 문제에 대해 의견을 묻는 것   책상 모양으로 만든 가구

자유롭게 의견을 나누고 있네요. 상대방이 하는 말을 잘 들어 주고, 질문을

하면 친절하게 대답도 해 주어요. 서로를 이해하고 배려하는 모습이 보기 좋

았어요. 세모는 자기네 마을 사람들도 동그라미들처럼 평화롭게 살면 좋겠다

고 생각했어요.

글의 내용 이해하기

1 이 글의 내용으로 알맞지 않은 것은 무엇입니까? (②)

① 세모는 동그라미 마을에 놀러 왔습니다.
② 도형 나라에는 동그라미들만 살고 있습니다.
③ 가장 평화로운 마을은 동그라미들이 사는 곳입니다.
④ 동그라미 마을에서는 웃음소리가 멈추질 않았습니다.
⑤ 세모는 동그라미들이 평화롭게 사는 것을 보았습니다.

해설 도형 나라에는 세모, 네모 등 다른 여러 도형들도 살고 있습니다.

글의 내용 이해하기

2 동그라미 마을이 평화로운 까닭으로 알맞지 않은 것은 무엇입니까? (④)

① 서로를 이해하고 배려하기 때문입니다.
② 서로 즐겁게 노래와 춤을 추기 때문입니다.
③ 상대방이 말을 할 때는 잘 들어 주기 때문입니다.
④ 과수원의 동그라미들은 사과만 좋아하기 때문입니다.
⑤ 누군가 질문을 하면 친절하게 설명해 주기 때문입니다.

해설 과일을 좋아하는 것과 화목하고 평화로운 것과는 크게 관계가 없습니다.

글의 내용 적용하기

해설 '㉠ 동그라미, ㉢ 둥글게, ㉣ 원, ㉤ 사과'는 모두 동그란 모양과 관계있지만 '㉡ 세모'는 동그란 모양이 아닙니다.

3 ㉠~㉤ 중에서 동그란 모양과 관계없는 것은 무엇입니까? (②)

① ㉠   ② ㉡   ③ ㉢   ④ ㉣   ⑤ ㉤

4 밑줄 친 부분과 바꾸어 쓸 수 있는 말을 보기 에서 찾아 쓰세요.

보기

• 평화롭게   • 배려하며

(1) 동그라미들은 다투거나 싸우지 않고 이해하며 지냅니다.

평	화	롭	게

(2) 동그라미들은 서로 도와주고 보살펴 주며 지냅니다.

배	려	하	며

해설 '다툼이 없이 지내는 상태'를 '평화'라고 하고, '도와주고 보살펴 주는 마음'을 '배려'라고 합니다.

배경지식 활용하여 추론하기

5 스티커 벌집에 꿀을 가득 채워 주세요. 삼각형 모양(△)의 꿀, 사각형 모양(▱)의 꿀을 스티커에서 찾아 붙여 보세요.

해설 육각형 모양의 벌집은 삼각형 모양(△)의 꿀 6개, 사각형 모양(▱)의 꿀 2개를 붙이면 가득 찹니다.

내용 이해하고 활동하기

해설 토끼의 집에는 동그라미 모양의 시계, 네모 모양의 식탁, 세모 모양의 의자가 있습니다.

6 스티커 토끼네 집에 있는 물건 중 시간을 알려 주는 동그라미 모양의 물건이 가려져 있습니다. 이 물건은 무엇인지 스티커에서 찾아 붙이고, 물건의 이름을 쓰세요.

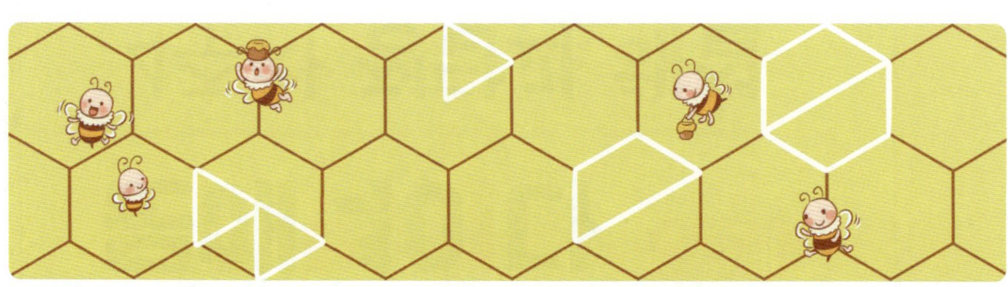

시	계

어휘야 놀자~

낱말을 쓸 때 잘못 쓰기 쉬운 낱말이 있습니다. 바르게 쓴 낱말을 잘 보고 따라 써 봅니다.

잘못 쓰기 쉬운 말

세모 ◉   새모 ✕ → 세 모   세 모

네모 ◉   내모 ✕ → 네 모   네 모

둥글게 ◉   둥굴개 ✕ → 둥 글 게   둥 글 게

동그라미 ◉   동구라미 ✕ → 동 그 라 미   동 그 라 미

아낌없이 ◉   아낌업시 ✕ → 아 낌 없 이   아 낌 없 이

한자어

한자어를 소리 내어 읽고, 따라 써 봅니다.

평 화

평평할 평 平 + 화할 화 和

평온하고 화목함.

平 和
평평할 평   화할 화

평등
平 + 等
평평할 평   가지런할 등

화합
和 + 合
화할 화   합할 합

ERI 독해가 문해력이다

2단계 심화

4주차 정답과 해설

한눈에 보는 답

1회 정글에서 자란 아이 — 본문 111~112쪽

1 ⑤
2 털
3 ⑤
4 불
5 ( ) ( ) (○)

6 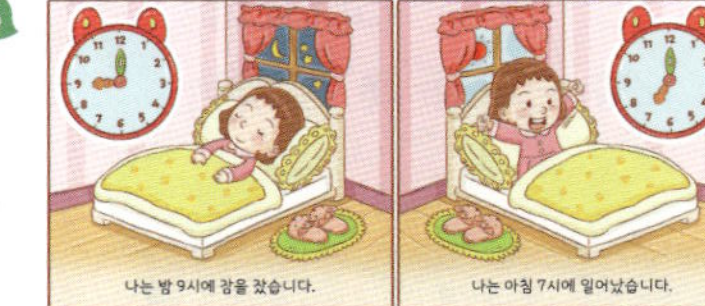

2회 다른 나라에 물건을 팔아요 — 본문 117~118쪽

1 무역
2 (1) ○ (3) ○
3 수출
4 필요한
5 (1) - ㉢ (2) - ㉠

6 

3회 북극여우와 사막여우 — 본문 123~124쪽

1 ⑤
2 ⑤
3 ④
4 주둥이
5 북극 / 북극

6 

4회 재미있는 식사 예절 — 본문 129~130쪽

1 식사 예절
2 ③
3 ❶ 음식 ❷ 식탁
　 ❸ 숟가락 ❹ 젓가락
　 ❺ 여름방학 ❻ 해외여행
4 (1) ○ 5 (2) ○

6 

5회 왜 잠을 자야 하나요? — 본문 135~136쪽

1 ①
2 ④
3 컴퓨터 / 스마트폰
4 (1) 수면 (2) 숙면
5 예 • 돌고래는 잘 때도 숨을 쉬러 물 위로 올라와야 하기 때문입니다.
　　 • 뇌가 모두 잠들어 물 위로 올라오지 못하면 숨을 쉬지 못하기 때문입니다. 등

6

소리 내어 읽고 스티커를 붙여 보세요.

읽었어요!

잘 듣고 읽어 보세요.

정글에서 자란 아이

동물들이 모여 있는 정글로 한 아기가 엉금엉금 기어 왔어요. 그러고는 늑대 굴로 들어갔어요. 늑대 부부는 그 아기를 살펴보았어요.

엉금엉금: 느리게 기거나 걷는 모양을 흉내 낸 말
굴: 땅이 깊숙하게 들어간 곳

"털이 없어 꼭 개구리같이 생겼네. 모글리라고 불러야겠어."

모글리: 개구리라는 뜻임

늑대 부부의 보살핌 속에서 모글리는 무럭무럭 자랐어요.

검은 표범 바기라와 느림보 곰 발루가 동물들의 말도 가르쳐 주었지요.

느림보: 동작이 느린 사람을 별명으로 이르는 말

어느 날, 못된 호랑이 시어칸이 다른 늑대들에게 말했어요.

"모글리는 사람이야. 없애지 않으면 언젠간 우릴 해칠 거라고!"

없애지 않으면 언젠간 우릴 해칠 거라고: 늑대들이 모글리를 공격한 이유

늑대들과 시어칸은 모글리를 공격했어요.

그런데 때마침 벼락이 떨어져 나뭇가지에 불이 붙었지요.

모글리가 불을 휘두르자 모두들 겁을 먹고 달아났어요.

모글리가 불을 휘두르자 모두들 겁을 먹고 달아났어요: 동물들은 불을 무서워하기 때문

이 일이 있은 뒤, 늑대 부부는 모글리가 위험한 정글에서 살 수 없을 거라고 생각했어요.

이 일: 늑대들과 시어칸이 모글리를 공격했던 일

"모글리, 이제 그만 정글을 떠나 마을로 가렴."

정글: 동물들이 사는 곳
마을: 사람들이 사는 곳

늑대 부부의 말에 모글리는 슬펐어요.

㉠"왜 날 정글에서 쫓아내려는 거예요?"

"우린 여전히 널 사랑해. 하지만 여긴 너에게 너무 위험해."

모글리는 어쩔 수 없이 작별 인사를 하고 마을로 향했지요.

작별 인사: 헤어지면서 하는 인사

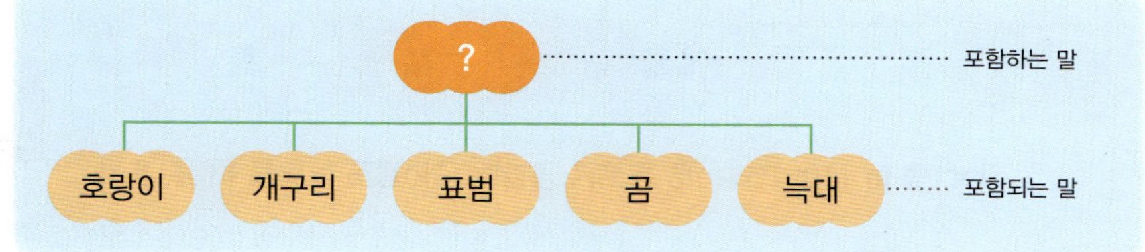

글의 내용 이해하기

1 이 글의 내용으로 알맞지 <u>않은</u> 것은 무엇입니까? (⑤)

① 아이가 기어서 들어간 곳은 늑대 굴입니다.
② 시어칸은 다른 늑대들을 꾀어 모글리를 공격했습니다.
③ 늑대 부부는 아이에게 모글리라는 이름을 지어 주었습니다.
④ 모글리에게 동물들의 말을 가르쳐 준 건 바기라와 발루였습니다.
⑤ 늑대 부부는 모글리가 버릇없는 행동을 해서 정글에서 쫓아냈습니다.

해설 늑대 부부는 모글리가 계속 살아가기에는 정글이 너무 위험하다고 생각해서 사람들이 사는 마을로 가라고 한 것입니다.

세부 내용 이해하기

2 빈칸에 들어갈 알맞은 말을 이 글에서 찾아 쓰세요.

모글리를 처음 본 늑대 부부는 **털** 이/가 없는 개구리처럼 생겼다고 생각했습니다.

해설 늑대 굴로 기어 들어온 아기를 본 늑대 부부는 털이 없는 개구리처럼 생겼다며 모글리라는 이름을 붙여 주었습니다.

낱말 뜻 이해하기

3 빈칸에 들어갈 말로 가장 알맞은 것은 무엇입니까? (⑤)

① 곤충　　② 식물　　③ 물건　　④ 우주　　⑤ 동물

해설 '호랑이, 개구리, 표범, 곰, 늑대'를 모두 포함하는 낱말은 '동물'입니다.

세부 내용 이해하기

4 빈칸에 들어갈 알맞은 말을 이 글에서 찾아 쓰세요.

> 모글리를 공격하던 늑대들과 호랑이 시어칸은 모글리가 불 을/를 휘두르자 겁을 먹고 달아났습니다.

해설 동물들은 불을 무서워합니다.

글의 내용 적용하기

5 ㉠에서 짐작할 수 있는 모글리의 마음으로 알맞은 것에 ○표 하세요.

자신을 공격한 시어칸과 친하게 지내고 싶은 마음	새로운 곳으로 모험을 떠나게 되어 신나고 즐거운 마음	늑대 부부가 자신을 정글에서 쫓아내려는 것 같아 슬픈 마음
( )	( )	(○)

해설 모글리는 늑대 부부가 자기를 정글에서 쫓아내려는 줄 알고 서운하고 슬픈 마음이 들었습니다.

내용 이해하고 활동하기

해설 정글에 사는 동물 중에는 동물들의 말을 가르쳐 준 바기라와 발루가 있었고, 모글리에게 못되게 군 시어칸이 있었습니다.

6 스티커 모글리가 지내던 정글에 사는 동물들을 스티커에서 찾아 붙이고, 이름을 쓰세요.

검은 표범, 바 기 라

느림보 곰, 발 루

못된 호랑이, 시 어 칸

어휘야 놀자~

흐리게 쓴 글자는 따라 쓰세요.

어휘 살찌우기

낱말 '불'과 합쳐져 만들어진 새로운 낱말을 알아보고 따라 써 봅니다.

불 — 빛 = 불빛 불 빛

불 — 조심 = 불조심 불 조 심

불 — 장난 = 불장난 불 장 난

불 — 자동차 = 불자동차 불 자 동 차

흉내 내는 말 익히기

모양을 흉내 내는 낱말을 알아보고 따라 써 봅니다.

엉금엉금 느리게 기거나 걷는 모양.
엉 금 엉 금 엉 금 엉 금

살금살금 남이 모르게 가만히 움직이는 모양.
살 금 살 금 살 금 살 금

무럭무럭 힘차게 잘 자라는 모양.
무 럭 무 럭 무 럭 무 럭

모락모락 연기 등이 조금씩 피어오르는 모양.
모 락 모 락 모 락 모 락

소리 내어 읽고 스티커를 붙여 보세요.

읽었어요!

잘 듣고 읽어 보세요.

다른 나라에 물건을 팔아요

나라와 나라 사이에 물건을 사고파는 일을 무역이라고 해요. 이때 우리나라가 다른 나라에서 물건을 사 오는 것을 수입한다고 해요. 그리고 우리나라가 다른 나라에 물건을 파는 것을 수출한다고 해요.

다른 나라에서 물건을 사 오는 것

다른 나라에 물건을 파는 것

이렇게 나라와 나라 사이에 무역을 하는 이유는 무엇일까요?

나라마다 물건을 만드는 재료가 많이 나는 곳도 있고, 전혀 나지 않는 곳도 있어요. 또 물건을 만드는 기술도 나라마다 차이가 나지요. 그래서 나라 사이에는 서로 필요한 물건을 사고파는 무역이 이루어지는 거예요.

물건을 만들 때 필요한 것

서로 같지 않고 다른 것

예를 들어, 우리나라는 석유가 부족해요. 그래서 우리나라는 석유가 많이 나는 다른 나라에서 석유를 사 오고 있어요. 그 대신 우리나라는 휴대폰을 만드는 기술이 뛰어나니까 휴대폰을 만들어 다른 나라에 팔고 있지요.

모자라는 것

이렇게 나라와 나라는 서로 필요한 물건을 얻기 위해 다른 나라와 무역을 하는 거예요.

낱말 뜻 이해하기

1 나라와 나라 사이에 물건을 사고파는 일을 무엇이라고 하는지 이 글에서 찾아 쓰세요.

무 역

해설 나라와 나라 사이에 물건을 사고파는 일을 '무역'이라고 합니다.

글의 내용 적용하기

2 이 글을 읽고 나라와 나라 사이에 무역이 이루어지는 까닭을 바르게 말한 친구에 모두 ○표 하세요.

(1)

(○)

(2)

( )

(3)

(○)

해설 무역을 하는 이유는 물건을 만드는 재료가 많이 나는 나라도 있고 전혀 나지 않는 나라도 있기 때문입니다. 또, 나라마다 물건을 만드는 기술도 차이가 나기 때문입니다.

전체 내용 구성하기

해설 우리나라가 다른 나라에서 물건을 사 오는 것을 '수입한다'고 합니다. 또, 우리나라가 다른 나라에 물건을 파는 것을 '수출한다'고 합니다.

3 마인드맵 이 글의 내용을 정리한 마인드맵입니다. 빈칸에 들어갈 알맞은 말을 쓰세요.

글의 내용 적용하기

4 빈칸에 들어갈 알맞은 말을 이 글에서 찾아 쓰세요.

무역을 하면 나라와 나라는 서로 필 요 한 물건을 얻을 수 있어서 좋습니다.

해설 무역의 좋은 점은 나라끼리 서로 필요한 물건을 얻을 수 있다는 것입니다.

세부 내용 이해하기

5 우리나라가 수입하는 물건과 수출하는 물건은 무엇이 있다고 하였는지 줄(–)로 이으세요.

(1) 수입 —— ㉠ 휴대폰
(2) 수출 —— ㉡ 석유

해설 우리나라는 석유가 부족해서 다른 나라에서 석유를 수입하고 있습니다. 그리고 휴대폰 기술이 뛰어나서 휴대폰을 만들어 수출합니다.

내용 이해하고 활동하기

해설 곰 나라에는 꿀은 많은데 생선이 없으므로 호랑이 나라에 꿀을 팔고, 호랑이 나라에서 생선을 사 오면 됩니다.

6 스티커 곰은 호랑이에게 무엇을 팔고 무엇을 사 오면 좋을까요? 스티커에서 찾아 붙이고, 물건의 이름을 쓰세요.

곰은 호랑이에게 꿀 을/를 팔고, 생 선 을/를 사 와요.

헷갈리기 쉬운 낱말의 정확한 뜻을 알아보고 바르게 따라 써 봅니다.

헷갈리는 말

다르다 '다르다'는 '서로 같지 않다.'라는 뜻으로 '같다'의 반대말입니다.

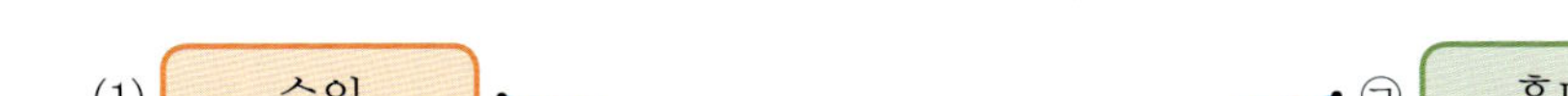

옷이 다 르 다
↕
신발이 같 다

틀리다 '틀리다'는 '사실이나 답 등이 맞지 않다.'라는 뜻으로 '맞다'의 반대말입니다.

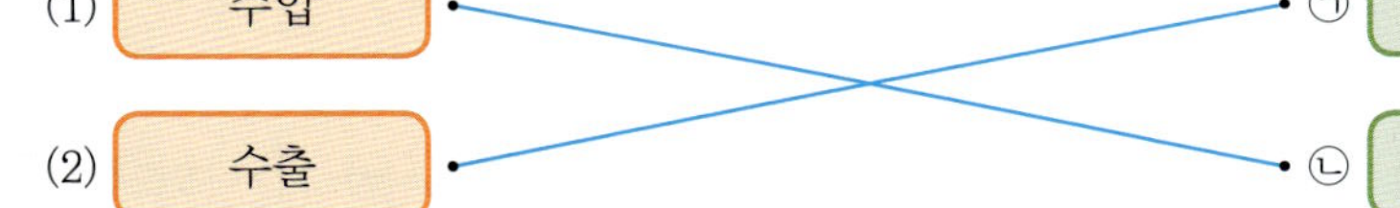

답이 틀 리 다
↕
계산이 맞 다

도움말 '쌍둥이인데 틀리게 생겼어.'가 아니라 '쌍둥이인데 다르게 생겼어.'가 올바른 표현입니다.

한자어 한자어를 소리 내어 읽고 따라 써 봅니다.

물 건
만물 물 物 + 사건 건 件
일정한 모양이 있는 모든 것.
物 件
만물 물 사건 건

물품
物 品
만물 물 물건 품
쓸만한 가치가 있는 물건.

사건
事 件
일 사 사건 건
문제를 일으키거나 관심받는 일.

소리 내어 읽고 스티커를 붙여 보세요.

잘 듣고 읽어 보세요.

북극여우와 사막여우

여우는 세모난 귀와 길고 뾰족한 주둥이를 가진 동물이에요.
모양이 세모꼴로 되어 있는

북극에 사는 여우는 북극여우예요. 북극은 지구의 북쪽 끝에 있는 매우 추운 곳이에요.

사막에 사는 여우는 사막여우예요. 사막은 비가 잘 오지 않아 덥고 메마른 곳이에요.
물기가 없어진

북극여우와 사막여우는 모두 여우이지만, 생김새*가 달라요.

북극여우는 귀가 세모 모양이지만 작아요. 사막여우는 귀가 세모 모양이지만 아주 커요.

왜 두 여우의 귀는 크기가 달라졌을까요?

북극은 매우 추운 곳이에요. 몸의 열이 밖으로 빠져나가지 않도록 해야 하지요. 그래서 북극여우는 귀가 작아요. 추위를 견디기 위해서예요.
덥거나 뜨거운 기운
귀로 열이 못 빠져나가게 하기 위해서

사막은 매우 더운 곳이에요. 몸의 열이 밖으로 잘 빠져나가도록 해야 해요. 귀로 열이 빠져나가면 좋지요. 그래서 사막여우는 귀가 커요. 더위를 견디기 위해서예요.
참아 내기

이렇게 동물들은 사는 곳에 따라 생김새가 달라요.

*생김새: 생긴 모양새.

글의 내용 이해하기

1 이 글의 내용으로 알맞지 <u>않은</u> 것은 무엇입니까? (　⑤　)

① 북극은 매우 추운 곳입니다.
② 사막은 매우 더운 곳입니다.
③ 여우는 세모난 귀를 가졌습니다.
④ 여우는 뾰족한 주둥이를 가졌습니다.
⑤ 북극여우와 사막여우의 생김새는 똑같습니다.
해설 북극여우와 사막여우는 모두 여우이지만, 생김새가 다릅니다.

세부 내용 이해하기

2 북극여우의 귀가 작은 이유는 무엇입니까? (　⑤　)

① 사냥하기에 알맞기 때문입니다.
② 달리기를 잘하기 위해서입니다.
③ 더위를 잘 견디기 위해서입니다.
④ 작은 소리도 잘 들을 수 있기 때문입니다.
⑤ 몸의 열이 빠져나가지 않도록 하기 위해서입니다.
해설 북극은 매우 추운 곳이어서 귀가 작아야 몸의 열이 밖으로 빠져나가지 않습니다.

세부 내용 이해하기

해설 사막은 비가 거의 오지 않는 메마른 곳이지만, 물이 전혀 없는 것은 아닙니다. 오아시스와 같은 샘이 있기도 합니다.

3 다음 중 사막에 대한 설명으로 알맞지 <u>않은</u> 것은 무엇입니까? (　④　)

① 사막은 매우 덥습니다.
② 사막은 메마른 곳입니다.
③ 사막에는 사막여우가 삽니다.
④ 사막에는 물이 전혀 없습니다.
⑤ 사막은 비가 잘 오지 않는 곳입니다.

낱말 뜻 이해하기

4 다음 이야기를 읽고 빈칸에 들어갈 알맞은 말을 보기 에서 찾아 쓰세요.

보기   •목   •귀   •부리   •주둥이

두루미의 집에 놀러 간 여우는 물을 마실 수 없었습니다. 두루미가 준 좁고 긴 컵에 여우의 **주둥이** 이/가 들어가지 않았기 때문입니다.

해설 ▸ 일부 짐승이나 물고기의 머리에서 뾰족하게 나온 코나 입 주위의 부분은 '주둥이'입니다. '부리'는 새의 주둥이를 뜻하는 말입니다.

배경지식 활용하여 추론하기

5 다음 빈칸에 공통으로 들어갈 말은 무엇인지 이 글에서 찾아 쓰세요.

지구가 점점 따뜻해지면서 **북극** 의 빙하가 녹았어요.

그래서 **북극** 곰은 살 곳을 잃었어요.

해설 ▸ 지구가 따뜻해지면서 북극의 빙하가 녹았고, 그래서 북극곰은 점점 살 곳을 잃어 가고 있습니다.

내용 이해하고 활동하기

해설 ▸ 동물들은 사는 곳이 다릅니다. 추운 북극에는 북극곰, 북극여우 등이 살고, 사막에는 사막여우, 도마뱀 등이 살고 있습니다.

6 스티커 스티커에 있는 동물을 북극에 사는 동물과 사막에 사는 동물로 구분해서 붙이고, 빈칸에 들어갈 알맞은 이름을 쓰세요.

흐리게 쓴 글자는 따라 쓰세요.

어휘야 놀자~

잘못 쓰기 쉬운 말

낱말을 쓸 때 잘못 쓰기 쉬운 낱말이 있습니다. 바르게 쓴 낱말을 잘 보고 따라 써 봅니다.

바른 말	틀린 말	따라 쓰기
뾰족한 ◎	뾰조칸 ✕	뾰 족 한　뾰 족 한
메마른 ◎	매마른 ✕	메 마 른　메 마 른
생김새 ◎	생김세 ✕	생 김 새　생 김 새

반대말

헷갈리기 쉬운 반대말을 정확히 알고 따라 써 봅니다.

병아리가 적 다	⇔	병아리가 많 다
 책이 얇 다	⇔	책이 두 껍 다
나무통이 굵 다	⇔	나무통이 가 늘 다

소리 내어 읽고 스티커를 붙여 보세요.

읽었어요!

잘 듣고 읽어 보세요.

재미있는 식사 예절

여름방학에 부모님과 해외여행을 가기로 했어요. 여행할 나라를 찾다가 다른 나라의 재미있는 식사 예절에 대하여 알게 되었어요.
다른 나라로 가는 여행
사람의 끼니가 되는 음식을 먹는 일

프랑스에서는 식사 시간에 많은 이야기를 나눈다고 해요. 우리나라에서는 밥을 먹으면서 말을 하면 어른들이 주의를 주지요. 프랑스에서는 말을 안 하면 오히려 예의가 없다고 생각한대요. 즐겁게 대화하면서 식사 시간을 보내는 것은 좋은 모습인 것 같아요.
경고나 훈계의 뜻으로 일깨움

이탈리아에서는 식사 중에 팔을 식탁 밑으로 내리면 안 된대요. 팔꿈치를 식탁 위에 올려놓아서도 안 되고요. 음식을 덜어 먹을 때도 음식을 뒤적거리는 것은 큰 실례라고 해요. 이런 것은 우리도 지켜야 할 예절 같아요.
이리저리 들추며 자꾸 뒤지는
말이나 행동이 예의에 벗어남. 또는 그런 말이나 행동

인도에서는 식사 전에 반드시 물로 손을 씻어야 한대요. 손으로 음식을 먹기 때문이지요. 그리고 반드시 오른손으로 식사를 해야 한대요. 물을 마실 때는 컵을 입에 대지 않고 물을 입 안에 부어 넣는다고 해요. 숟가락과 젓가락을 사용하는 우리나라와 많이 다르지요? 그렇지만 그 나라의 문화이므로 존중해야 해요.
틀림없이. 꼭
높이어 귀중하게 대함

다른 나라를 여행할 때는 그 나라의 문화를 알고 그에 맞게 행동해야 할 거 같아요.

---

1 이 글은 무엇에 대해 설명하고 있는지 알맞은 것에 ◯표 하세요.

> 세계 여러 나라의 (대표 음식, (식사 예절))에 대해 설명하고 있습니다.

해설 여행할 나라를 찾다가 알게 된 세계 여러 나라의 식사 예절에 대해 설명하고 있습니다.

2 이 글의 내용으로 알맞지 <u>않은</u> 것은 무엇입니까? (③)

① 인도에서는 오른손으로 식사를 합니다.
② 나라마다 식사 예절은 조금씩 다릅니다.
③ 프랑스에서 식사할 때는 말을 하지 않습니다.
④ 우리나라에서는 식사 시간에 숟가락과 젓가락을 사용합니다.
⑤ 이탈리아에서는 음식을 덜어 먹을 때 뒤적거리지 말아야 합니다.

해설 프랑스에서는 우리나라와 달리 식사 시간에 말을 하지 않으면 오히려 예의가 없다고 생각합니다.

3 빈칸에 알맞은 낱말을 써 넣어 퍼즐을 완성하세요.

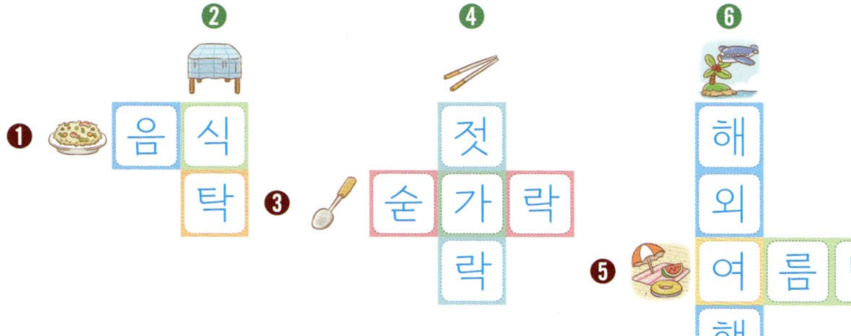

가로 열쇠(→)
❶ 사람이 먹고 마실 수 있도록 만든 것.
❸ 밥이나 국물을 떠먹는 기구.
❺ 여름의 한창 더울 때 일정 기간 수업을 쉬는 일.

세로 열쇠(↓)
❷ 음식을 차려 놓고 둘러앉아 먹게 만든 기구.
❹ 음식을 잡거나 집어 먹을 때 쓰는 기구.
❻ 여행을 목적으로 외국으로 가는 것.

세부 내용 파악하기

4 인도 사람들의 식사 예절로 알맞은 것에 ○표 하세요.

(1) 식사를 할 때는 꼭 손을 씻고 손으로 음식을 먹습니다. (○)
(2) 숟가락과 젓가락 사용은 모두 왼손으로 합니다. ( )
(3) 물은 반드시 입을 컵에 대고 마십니다. ( )

해설 인도 사람이 손으로 식사를 하는 것은 그 나라의 문화이므로 존중해야 합니다.

내용 이해하고 활동하기

5 텔레비전을 보면서 친구들이 나눈 대화입니다. 빈칸에 들어갈 말로 알맞은 것에 ○표 하세요.

(1) 식사 예절을 배우지 못해서 그런 거야. ( )
(2) 그 나라의 문화이므로 존중해 줘야 해. (○)
(3) 숟가락과 젓가락을 가져오지 않아서 그런 거야. ( )

해설 다른 나라 사람들이 우리와 조금씩 식사 예절이 다른 것은 그 나라의 문화이므로 존중해 주어야 합니다.

배경지식 활용하여 활동하기

해설 김치는 우리나라 음식, 피자는 이탈리아 음식, 초밥은 일본 음식입니다.

6 스티커 이탈리아, 우리나라, 일본 어린이가 각자 자기 나라의 음식을 가져왔습니다. 어떤 음식을 가져왔는지 스티커에서 찾아 붙이고, 음식의 이름을 따라 쓰세요.

어휘야 놀자~

흐리게 쓴 글자는 따라 쓰세요.

헷갈리는 우리말

헷갈리기 쉬운 우리말의 정확한 뜻을 알아보고 따라 써 봅니다.

반드시 틀림없이 꼭, 어김없이 꼭.

반 드 시
반 드 시
반 드 시

예 약속은 반드시 지켜야 한다.

반듯이 비뚤어지거나 기울지 않음.

반 듯 이
반 듯 이
반 듯 이

예 허리를 반듯이 펴고 앉아야 한다.

도움말 '반드시'와 '반듯이'는 발음은 같지만 표기가 달라 헷갈리는 낱말입니다. '반드시'와 '반듯이'는 모두 맞는 표기지만 그 뜻은 전혀 다릅니다.

한자어

한자어를 소리 내어 읽고 따라 써 봅니다.

식 사
먹을 식 食 + 일 사 事

사람이 아침, 점심, 저녁으로 음식을 먹음. 또는 그 음식.

食 事
먹을 식 / 일 사

식판
食 + 板
먹을 식 / 넓빤지 판

인사
人 + 事
사람 인 / 일 사

왜 잠을 자야 하나요?

우리는 밤이 되면 잠을 자야 해요. ㉠만약 잠을 자지 않는다면 어떻게 될까요?
반대말은 '낮'

다음 날 정신이 맑지 않아서 집중하기가 어렵고 기분도 좋지 않아요. 그리고 팔, 다리 등 몸은 힘이 없어서 제대로 활동을 할 수가 없어요.
한곳으로 생각이나 몸을 모으는 것

우리의 뇌도 쉬는 시간이 필요해요. 뇌는 하루종일 쉬지 않고 일을 하거든요. 낮 동안에 공부도 하고 많은 생각을 하는데 그 일을 뇌가 하지요.
머리 속에 들어 있는 중심적인 기관

그런 뇌가 쉴 수 있는 시간이 바로 잠을 자는 시간이에요. 뇌는 낮 동안에 배우고 경험한 것들을 이때 쉬면서 정리한답니다. 그러면 다음 날 상쾌한 기분으로 공부도 하고 생각도 잘하게 되지요.
느낌이 시원하고 산뜻한

그럼, 잠은 얼마나 ㉡자는 것이 좋을까요?

보통 초등학생은 9~12시간을 자는 것이 좋다고 해요.

하지만 자는 시간보다 더 중요한 것은 ㉢깊이 잘 자는 것이랍니다. 깊이 잘 자기 위해서는 컴퓨터, 스마트폰과 같은 전자 기기를 되도록 멀리하는 것이 좋아요. 전자 기기에서 나오는 불빛이 깊이 잠드는 것을 방해하니까요.
숙면
전자 기구나 전자 기계
제대로 잠을 자지 못하게 함

낮 동안에 즐겁고 활기찬 생활을 하려면 잠을 깊이 잘 자야 해요. 푹 잘 자야 건강하고 행복한 생활을 할 수 있답니다.
몸의 힘이 넘치고 활발한

---

1 이 글의 내용으로 알맞지 않은 것은 무엇입니까? (①)

① 잠이 오지 않으면 스마트폰을 옆에 두고 자면 좋습니다.
② 밤에 잠을 자야 건강하고 행복한 생활을 할 수 있습니다.
③ 밤에 잠을 자는 동안 뇌는 낮 동안에 경험한 것을 정리합니다.
④ 잠을 잘 자면 다음 날 상쾌한 기분으로 공부를 할 수 있습니다.
⑤ 우리의 뇌도 쉬는 시간이 필요한데 그 시간이 잠자는 시간입니다.

해설 잠을 푹 자려면 불을 끄고 컴퓨터 등의 전자 기기를 멀리 두는 것이 도움이 됩니다.

2 ㉠에 대한 답으로 알맞지 않은 것은 무엇입니까? (④)

① 정신이 맑지 않습니다.
② 기분이 좋지 않습니다.
③ 다음 날 공부에 집중하기 어렵습니다.
④ 건강하고 활기찬 생활을 할 수 있습니다.
⑤ 팔과 다리에 힘이 약해져 활동하기가 힘듭니다.

해설 만약 잠을 자지 않는다면 다음 날 집중하기 어렵고 몸에 힘이 없어서 활기찬 생활을 하기 어렵습니다.

해설 컴퓨터, 스마트폰과 같은 전자 기기에서 나오는 불빛은 깊이 잠드는 것을 방해하기 때문에 잠을 깊이 잘 자기 위해서는 전자 기기를 되도록 멀리하는 것이 좋습니다.

3 빈칸에 들어갈 알맞은 말을 이 글에서 찾아 쓰세요.

우리가 잠을 잘 때 깊이 잘 자기 위해서는 컴 퓨 터 (이)나 스 마 트 폰 등의 전자 기기를 되도록 멀리하는 것이 좋습니다.

낱말 뜻 이해하기

4 ㉡, ㉢과 뜻이 통하는 낱말을 보기 에서 찾아 쓰세요.

보기 • 숙면: 깊이 잠이 드는 것. • 수면: 잠을 자는 것.

(1) ㉡: 수 면

(2) ㉢: 숙 면

해설 잠을 자는 것을 '수면'이라고 하고, 깊이 잘 자는 것을 '숙면'이라고 합니다.

배경지식 활용하여 추론하기

5 돌고래가 잠을 잘 때, 뇌가 번갈아 잠을 자는 이유는 무엇인지 써 보세요.

(예) • 돌고래는 잘 때도 숨을 쉬러 물 위로 올라와야 하기 때문입니다.

• 뇌가 모두 잠들어 물 위로 올라오지 못하면 숨을 쉬지 못하기 때문입니다. 등

해설 돌고래는 사람처럼 허파로 숨을 쉽니다. 그래서 왼쪽 뇌와 오른쪽 뇌가 번갈아 가며 잠을 자는 반구 수면을 합니다.

내용 이해하고 활동하기 해설 작은 바늘이 9, 큰 바늘이 12를 가리키면 9시입니다. 작은 바늘이 7, 큰 바늘이 12를 가리키면 7시입니다.

6 스티커 아이가 자고 일어난 시간에 맞는 시계를 스티커에서 찾아 붙여 보세요.

어휘야 놀자~

흐리게 쓴 글자는 따라 쓰세요.

어휘 살찌우기

'잠'과 관련 있는 낱말을 알아보고 따라 써 봅니다.

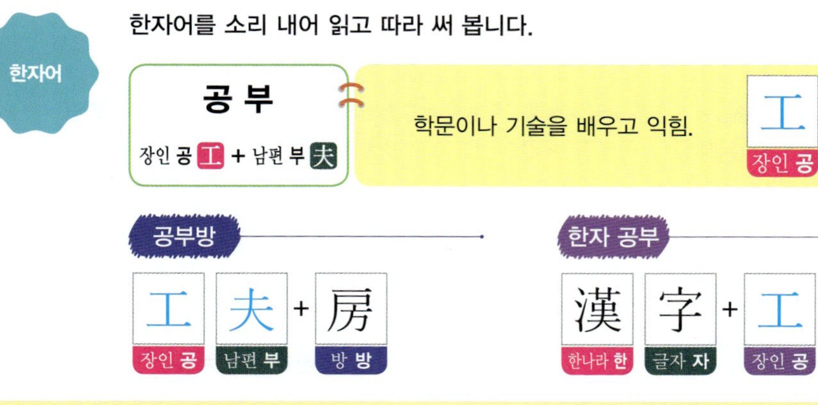

잠옷 잠잘 때 입는 옷.

잠 옷 잠 옷

잠결 잠이 어렴풋이 들거나 깬 상태.

잠 결 잠 결

잠꼬대 자면서 자기도 모르게 중얼거리는 소리.

잠 꼬 대 잠 꼬 대

잠버릇 잠잘 때 하는 짓.

잠 버 릇 잠 버 릇

잠꾸러기 잠이 아주 많은 사람을 이르는 말.

잠 꾸 러 기 잠 꾸 러 기

한자어

한자어를 소리 내어 읽고 따라 써 봅니다.

공부

장인 공 工 + 남편 부 夫

학문이나 기술을 배우고 익힘.

工 夫
장인 공 남편 부

공부방

工 夫 + 房
장인 공 남편 부 방 방

한자 공부

漢 字 + 工 夫
한나라 한 글자 자 장인 공 남편 부

2단계 심화 1주차 받아쓰기 정답

글자 완성하기 — 들려주는 낱말을 잘 듣고 글자를 완성해 보세요.

1. 게임
2. 숙제
3. 옷감
4. 쪽배
5. 최고
6. 가운데
7. 그림자
8. 대나무
9. 반대로
10. 컴퓨터

낱말 받아쓰기 — 들려주는 낱말을 잘 듣고 받아쓰세요.

1. 덧셈
2. 뺄셈
3. 바늘
4. 악기
5. 장구
6. 다리미
7. 보름달
8. 안내판
9. 은하수
10. 주차장

문장 완성하기 — 들려주는 문장을 잘 듣고 빈칸에 들어갈 말을 받아쓰세요.

1. 아씨는 늦은 밤까지 일을 하다 깜박 졸았어요.
2. 옷을 만들 때 꼭 필요한 일곱 동무들이에요.
3. 위험한 곳에서는 절대로 공놀이하면 안 돼.
4. 택배 자동차 앞으로 공이 굴러갔어요.
5. 하지만 달에는 토끼가 살지 않아요.
6. 달의 겉은 울퉁불퉁해요.
7. 북을 두드리면 "두둥둥." 소리를 냅니다.
8. 동그란 나무통에 가죽을 씌워 북을 만들어요.
9. 미세 먼지가 많아져도 괜찮을까요?
10. 선생님은 칠판에 문제를 적었어요.

2단계 심화 2주차 받아쓰기 정답

글자 완성하기 — 들려주는 낱말을 잘 듣고 글자를 완성해 보세요.

1. 귀
2. 기계
3. 길가
4. 외출
5. 제자
6. 진흙
7. 거꾸로
8. 됨됨이
9. 마침내
10. 사냥꾼

낱말 받아쓰기 — 들려주는 낱말을 잘 듣고 받아쓰세요.

1. 감동
2. 고향
3. 들판
4. 명령
5. 물결
6. 겉모습
7. 발가락
8. 발바닥
9. 심부름
10. 조각상

문장 완성하기 — 들려주는 문장을 잘 듣고 빈칸에 들어갈 말을 받아쓰세요.

1. 공자는 소를 가리키며 말했어요.
2. 보기에 좋은 저 소가 훨씬 훌륭하지?
3. 목화씨를 땅에 심고 정성껏 길렀어요.
4. 우리도 따뜻한 솜옷을 입읍시다.
5. 고양이가 몸을 낮추고 소리 없이 기어가요.
6. 고양이는 날카로운 발톱을 갖고 있어요.
7. 아주 높고 커다란 무덤이 있습니다.
8. 이 무덤은 위로 올라갈수록 뾰족해져요.
9. 자기 작업실에 낯선 그림이 있는 거예요.
10. 칸딘스키는 음악을 그림으로 표현했어요.

글자 완성하기 — 들려주는 낱말을 잘 듣고 글자를 완성해 보세요.

1. 네모
2. 세모
3. 말씀
4. 주의
5. 추위
6. 퇴장
7. 황제
8. 머리빗
9. 동그라미
10. 손목시계

낱말 받아쓰기 — 들려주는 낱말을 잘 듣고 받아쓰세요.

1. 거품
2. 규칙
3. 난로
4. 도형
5. 심판
6. 작전
7. 해군
8. 과수원
9. 흙탕물
10. 크리스마스

문장 완성하기 — 들려주는 문장을 잘 듣고 빈칸에 들어갈 말을 받아쓰세요.

1. 화려한 가구도 없었어요.
2. 남편은 아내를 위해 예쁜 머리핀을 샀어요.
3. 내 사전에는 불가능이란 낱말은 없다.
4. 먹을 것이 없어서 굶어 죽기도 했어요.
5. 저도 비누로 손을 깨끗이 씻을게요.
6. 다현이가 벗은 옷을 넣고 빨래를 하셨어요.
7. 선수들끼리 몸을 부딪히는 일이 많아요.
8. 축구 경기장의 신호등이 된 거래요.
9. 서로 손을 맞잡고 원을 그리며 춤을 추어요.
10. 탁자에 앉아서 자유롭게 의견을 나누어요.

2단계 심화 4주차 받아쓰기 정답

글자 완성하기 들려주는 낱말을 잘 듣고 글자를 완성해 보세요.

1. 벼락
2. 서랍
3. 수입
4. 예절
5. 재료
6. 느림보
7. 메마른
8. 뾰족한
9. 책꽂이
10. 해외여행

낱말 받아쓰기 들려주는 낱말을 잘 듣고 받아쓰세요.

1. 더위
2. 무역
3. 수출
4. 정글
5. 책상
6. 주둥이
7. 팔꿈치
8. 엉금엉금
9. 여름방학
10. 하루종일

문장 완성하기 들려주는 문장을 잘 듣고 빈칸에 들어갈 말을 받아쓰세요.

1. 털이 없어 꼭 개구리같이 생겼네.
2. 불을 휘두르자 겁을 먹고 달아났어요.
3. 우리나라는 석유가 부족해요.
4. 우리나라는 휴대폰 기술이 뛰어나요.
5. 북극여우와 사막여우는 생김새가 달라요.
6. 열이 밖으로 빠져나가지 않도록 해요.
7. 식사 전에는 반드시 물로 손을 씻어야 해요.
8. 우리나라는 숟가락과 젓가락을 사용해요.
9. 정신이 맑지 않아서 집중하기 어려워요.
10. 힘이 없어서 제대로 활동을 할 수 없어요.

초등
ERI 독해가
문해력
이다
정답과 해설

EBS

ERI 독해가 **문해력이다**
2단계 심화

1회 크리스마스 선물

학습 체크 리스트

○ 나 ✖ 스티커를 붙이세요

 학습 계획일에 맞춰 꾸준히 문해력을 향상시켰나요?

글을 잘 듣고 소리 내어 읽어 보았나요?

 주어진 문제는 이해하고 잘 풀었나요?

스스로 칭찬하는 말 한마디를 써 보세요.

2회 프랑스의 황제, 나폴레옹

학습 체크 리스트

○ 나 ✖ 스티커를 붙이세요

 학습 계획일에 맞춰 꾸준히 문해력을 향상시켰나요?

 글을 잘 듣고 소리 내어 읽어 보았나요?

 주어진 문제는 이해하고 잘 풀었나요?

스스로 칭찬하는 말 한마디를 써 보세요.

3회 비누로 깨끗이

학습 체크 리스트

○ 나 ✖ 스티커를 붙이세요

 학습 계획일에 맞춰 꾸준히 문해력을 향상시켰나요?

 글을 잘 듣고 소리 내어 읽어 보았나요?

 주어진 문제는 이해하고 잘 풀었나요?

스스로 칭찬하는 말 한마디를 써 보세요.

4회 축구할 때도 신호등이 있어요

학습 체크 리스트

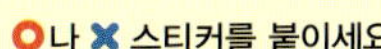 ○ 나 ✖ 스티커를 붙이세요

학습 계획일에 맞춰 꾸준히 문해력을 향상시켰나요?

글을 잘 듣고 소리 내어 읽어 보았나요?

주어진 문제는 이해하고 잘 풀었나요?

스스로 칭찬하는 말 한마디를 써 보세요.

5회 평화를 사랑하는 동그라미

학습 체크 리스트

 ○ 나 ✖ 스티커를 붙이세요

 학습 계획일에 맞춰 꾸준히 문해력을 향상시켰나요?

글을 잘 듣고 소리 내어 읽어 보았나요?

주어진 문제는 이해하고 잘 풀었나요?

스스로 칭찬하는 말 한마디를 써 보세요.

4주차 나의 문해력을 키워요!

1회 정글에서 자란 아이

학습 체크 리스트

O 나 X 스티커를 붙이세요

 학습 계획일에 맞춰 꾸준히 문해력을 향상시켰나요?

글을 잘 듣고 소리 내어 읽어 보았나요?

주어진 문제는 이해하고 잘 풀었나요?

스스로 칭찬하는 말 한마디를 써 보세요.

2회 다른 나라에 물건을 팔아요

학습 체크 리스트

O 나 X 스티커를 붙이세요

 학습 계획일에 맞춰 꾸준히 문해력을 향상시켰나요?

 글을 잘 듣고 소리 내어 읽어 보았나요?

 주어진 문제는 이해하고 잘 풀었나요?

스스로 칭찬하는 말 한마디를 써 보세요.

3회 북극여우와 사막여우

학습 체크 리스트

O 나 X 스티커를 붙이세요

 학습 계획일에 맞춰 꾸준히 문해력을 향상시켰나요?

 글을 잘 듣고 소리 내어 읽어 보았나요?

 주어진 문제는 이해하고 잘 풀었나요?

스스로 칭찬하는 말 한마디를 써 보세요.

4회 재미있는 식사 예절

학습 체크 리스트

O 나 X 스티커를 붙이세요

 학습 계획일에 맞춰 꾸준히 문해력을 향상시켰나요?

 글을 잘 듣고 소리 내어 읽어 보았나요?

 주어진 문제는 이해하고 잘 풀었나요?

스스로 칭찬하는 말 한마디를 써 보세요.

5회 왜 잠을 자야 하나요?

학습 체크 리스트

O 나 X 스티커를 붙이세요

 학습 계획일에 맞춰 꾸준히 문해력을 향상시켰나요?

글을 잘 듣고 소리 내어 읽어 보았나요?

주어진 문제는 이해하고 잘 풀었나요?

스스로 칭찬하는 말 한마디를 써 보세요.

🔹 15쪽에 붙이세요.

🔹 22쪽에 붙이세요.

🔹 28쪽에 붙이세요.

🔹 34쪽에 붙이세요.

 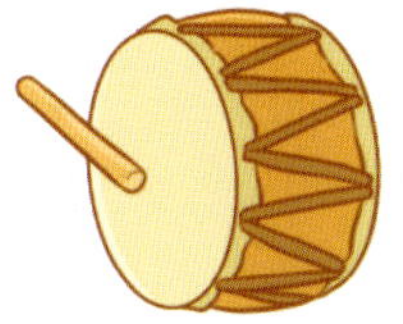

🔹 40쪽에 붙이세요.

🔹 14쪽에　　🔹 20쪽에　　🔹 26쪽에　　🔹 32쪽에　　🔹 38쪽에
붙이세요.　　붙이세요.　　붙이세요.　　붙이세요.　　붙이세요.

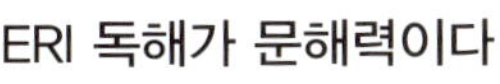

2주차

54쪽에 붙이세요.

72쪽에 붙이세요.

46쪽에
붙이세요.

52쪽에
붙이세요.

58쪽에
붙이세요.

64쪽에
붙이세요.

70쪽에
붙이세요.

3주차

80쪽에 붙이세요.　86쪽에 붙이세요.

104쪽에 붙이세요.　104쪽에 붙이세요.

   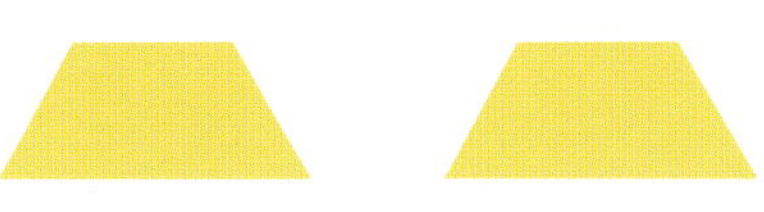 

98쪽에 붙이세요.

78쪽에
붙이세요.

84쪽에
붙이세요.

90쪽에
붙이세요.

96쪽에
붙이세요.

102쪽에
붙이세요.

112쪽에 붙이세요.

118쪽에 붙이세요.

124쪽에 붙이세요.

130쪽에 붙이세요.

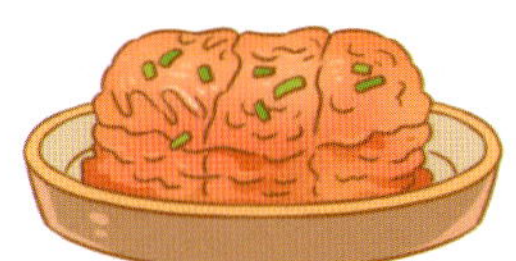

136쪽에 붙이세요.

138쪽 확인증에 붙이세요.

110쪽에
붙이세요.

116쪽에
붙이세요.

122쪽에
붙이세요.

128쪽에
붙이세요.

134쪽에
붙이세요.

🌼 나의 문해력을 키워요! 학습 체크 리스트에 붙여요.